RIONS ENSEMBLE

Rions ensemble

BY H. L. HUMPHREYS, M.A., PH.D.
AND M. SANOUILLET, L. ÈS L., D.E.S.

UNIVERSITY OF TORONTO

UNIVERSITY OF TORONTO PRESS

First printing, April 1955
Second printing, August 1955
Third printing, November 1956
Fourth printing, September 1957
Fifth printing, June 1958
Sixth printing, June 1959
Seventh printing, December 1959
Eighth printing, September 1960
Ninth printing, April 1961
Tenth printing, April 1962
Eleventh printing, October 1962
Twelfth printing, April 1963

Decorations by
Antje Lingner

Foreword

THIS book is intended to provide interesting, short, yet complete passages in simple standard French for students who possess an elementary grammatical background in the language. Each story has been held to manageable length, with the purpose of ensuring full appreciation and enjoyment of the humorous plots. This objective is further preserved by the extremely elementary vocabulary and constructions throughout, involving a total list of only 2536 words, of which 169 are the same in both languages, 526 are cognates, and 530 are words that vary in spelling according to person, gender, tense, and so forth. Notwithstanding the removal of obstructions to full understanding, the text is representative in all respects of the spoken language to-day. It should be pointed out that the humour in the stories is mature and international. Even though language difficulties have been smoothed over, the stories do not read as if "written down" for younger readers.

The emphasis on conversational organization in the stories will be immediately apparent to the user, and it is this feature that should be exploited when the book is used in classroom and other group situations. All the stories lend themselves to easy dramatization or reading in parts. In order to provide a self-contained medium for private and group study of spoken French conversation, the publishers have arranged for the recording *of the entire text* on an audio recording that can be found at the end of this book. It can also be downloaded from the book's page on the Press' website http://www.utppublishing.com/. The readings contained on this recording are given slowly, but naturally, and the clarity of reproduction is magnificent; the total playing time of approximately three and one-half hours makes the combination of text and recordings a most valuable method of acquiring aural familiarity with spoken French.

All the stories in *Rions ensemble* have been specially written with the purpose of the book in mind. Some of the plots are based on well-known folklore tales, some are built around amusing anecdotes of more recent days. All, it is hoped, have a sparkle that will capture the interest and delight the sense of humour of North American readers, young and old.

The exercises have been designed to further the purpose of the texts. For each story there is supplied a series of questions that lend themselves to oral answers and discussion; in addition there is a short exercise reviewing grammatical forms, with special emphasis on the verb, as well as a brief passage for prose translation into French.

All words occurring in the text of the stories are given in the vocabulary, as are the variant forms, save for a few of the most obvious which occur in the later part of the book. Notes are included in the vocabulary.

The plan for the text was first suggested by the publishers, who shared in selecting some of the plots around which stories were woven. A special word of praise is due to their staff artist, Antje Lingner, for the delightful series of line drawings that so aptly reflect the spirit of the book. The editors also wish to thank their many colleagues at the University of Toronto who offered their criticisms and advice during the preparation of this text.

H. L. H.
M. S.

Contents

Mieux que ça

PERSONNAGES:
Joseph II, *Empereur*
Un sergent de l'Armée Impériale

L'EMPEREUR Joseph II n'aimait pas la pompe officielle. Un jour, il se promène aux environs de Vienne, dans un carrosse très simple à deux places. Il est accompagné d'un seul domestique sans livrée. Il conduit lui-même la voiture. Au moment où, sa 5 promenade terminée, il reprend le chemin de la ville, il est surpris par la pluie.

Un piéton, qui marche dans la même direction le long du chemin, fait signe au conducteur d'arrêter. L'Empereur voit que c'est un militaire. Il s'arrête 10 aussitôt. Le soldat demande:

— Monsieur, pourriez-vous me donner une place à côté de vous? Cela ne vous gênera pas beaucoup et ménagera mon uniforme que je mets aujourd'hui pour la première fois. 15

L'Empereur répond:

— Montez, sergent, et ménagez votre uniforme. D'où venez-vous ainsi?

Le sergent répond:

— Je viens de chez un ami. Nous avons chassé ce 20 matin et à midi nous avons fait un excellent déjeuner.

3

Le souverain questionne:

— Vraiment? Qu'avez-vous mangé de si bon?

— Devinez.

— Je ne sais pas. Une soupe?

5   — Vous n'y pensez pas! Bien mieux que ça!

— De la choucroute?

— Mieux que ça.

— Un rôti de veau?

— Mieux que ça.

10 L'Empereur donne sa langue au chat:

— Je ne peux plus deviner. Donnez-moi la réponse.

Le soldat éclate de rire et dit:

— Un faisan, monsieur, un magnifique faisan tué sur les chasses de Sa Majesté!

15 Et il rit de plus belle.

L'Empereur sourit, ironique:

— Sur les chasses de Sa Majesté? Il devait être excellent?

— Naturellement.

20 Comme on approche de la ville et que la pluie continue à tomber, Joseph demande à son compagnon:

— Où dois-je vous conduire?

Le soldat proteste:

— Monsieur, je ne veux pas abuser de votre bonté.

25 Mais le roi insiste:

— Pas du tout. Quel est le nom de votre rue?

Le sergent indique sa demeure et pose à son tour une question:

— J'aimerais beaucoup connaître le nom de mon bienfaiteur. Qui êtes-vous?

Le roi répond:

— A votre tour, devinez.

Le soldat hésite un instant:

—Vous êtes militaire, sans doute?

— Oui.

— Quel est votre grade? Lieutenant?

— Mieux que ça.

— Capitaine?

— Mieux que ça.

— Colonel, peut-être?

— Mieux que ça.

Le sergent commence à être affolé:

—Seriez-vous général?

L'Empereur continue à répondre, imperturbable:

—Mieux que ça.

Le pauvre soldat balbutie alors:

—Vous êtes l'Empereur!

— Tout juste, dit Joseph II, en soulevant son manteau pour montrer les insignes de son grade et ses décorations.

Le soldat ne sait où se cacher. Il se confond en excuses et dit:

— Pitié, sire. Laissez-moi descendre!

— Pas du tout, dit le roi. Pour vous punir d'avoir tué mon faisan, je vais vous imposer le supplice de ma compagnie jusqu'à votre porte.

Ce qu'il fit.

Un Jeu stupide

PERSONNAGES :
Le perroquet
Le singe

SUR L'OCÉAN près de Terre-Neuve, vogue un paquebot à destination de l'Europe. Le temps est très mauvais. On est en hiver et la mer est couverte d'icebergs. Parmi les passagers de ce navire, se trouve un riche
5 marchand qui revient des Indes. Il emmène avec lui sa femme, trois domestiques et ses animaux favoris, parmi lesquels un singe et un perroquet.

Ces animaux trouvent le voyage très long et très ennuyeux. Un jour, le singe dit au perroquet:
10 — Sors de ta cage. Nous allons jouer à un jeu très intéressant.

Le perroquet, très paresseux, demande:
— Est-ce un jeu fatigant?

Le singe répond:
15 — Pas du tout. Tu vas fermer les yeux et compter jusqu'à dix. Pendant ce temps-là, je me cacherai quelque part sur le bateau. Alors tu ouvriras les yeux et tu me chercheras. Si tu me trouves, tu auras gagné.

20 Le perroquet accepte:
— D'accord. Va te cacher. Je compte jusqu'à dix.

Il ferme les yeux et compte:

— Un, deux, trois, quatre, cinq, six, sept, huit, neuf, dix.

Il ouvre alors la porte de sa cage, vole sur le pont
5 sous le nez des passagers surpris et n'a aucune difficulté à trouver le singe caché derrière un mât. Le
perroquet lui dit:

— Ce jeu n'est pas très passionnant. Écoute: je
vais t'en apprendre un autre.

10 — Toi, m'apprendre un jeu? Tu es bien trop bête!

— Je vais te prouver le contraire.

— Bon. Je t'écoute. Quel est ce jeu?

— Voilà. Commençons comme tout à l'heure. Ferme
les yeux et compte jusqu'à dix.

15 — Et après?

— Tu verras. Je te promets une grande surprise.

Et notre singe, suspendu à une échelle de corde,
ferme les yeux en confiance et commence à compter:

— Un, deux, trois, quatre, cinq, six, sept, huit, neuf,
20 dix.

A cet instant précis, le paquebot entre en collision
avec un iceberg. En quelques secondes, un incendie se
déclare, des explosions énormes se produisent, enfin
le bateau coule . . .

25 Le lendemain matin, sur la mer déserte, flotte une
épave de bois. Sur l'épave, un perroquet grelotte de
froid. Dans l'eau glaciale, notre singe, furieux, le poil
sale et collant, s'adresse au perroquet:

— Eh bien! Tu en as, de belles idées! Pour un jeu
30 idiot, c'est un jeu idiot!

Nous savons ...

PERSONNAGES:
Le pilote d'un avion anglais
Le mécanicien
Le radio

CETTE HISTOIRE se passe en Europe pendant la dernière guerre. La Suisse était un pays neutre. Les avions des pays en guerre n'avaient pas le droit de la survoler: ni les avions américains, ni les anglais, ni les français, ni les allemands. Mais les Alliés savaient que, 5 malgré sa neutralité officielle, la Suisse leur était favorable.

Un jour un avion anglais, parti de Londres pour aller bombarder l'Italie, revient, sa mission accomplie. Il est au-dessus de l'Italie du nord. Le temps est très 10 mauvais. Le pilote de l'avion dit au mécanicien:
— Il y a beaucoup de brouillard.
— En effet, répond le mécanicien. Et on en annonce davantage encore au-dessus de l'Allemagne.
Le pilote propose alors: 15
— Passons au-dessus de la Suisse. Nous volerons très haut, bien au-dessus des nuages.
Et il change la direction de l'avion.
Quelques minutes s'écoulent. L'avion s'approche

peu à peu de la frontière suisse. A ce moment, le radio apparaît dans la cabine du pilote, tenant à la main un télégramme. Il le tend au pilote:

— De la part du commandement suisse, dit-il.

5   Le pilote lit à haute voix: «*Commandement suisse à pilote avion anglais: vous approchez de la frontière suisse. Interdiction de survoler un territoire neutre.*»[1]

Le pilote dit alors:

— Radio, prenez un télégramme.

10   Le radio écrit: «*Pilote avion anglais à commandement suisse: nous savons.*»

Un quart d'heure se passe. Le radio a envoyé le télégramme. Le voici soudain qui revient avec un autre papier à la main. Il le lit au pilote: «*Com-*
15 *mandement suisse à pilote avion anglais: vous venez de passer la frontière suisse. Nous avons l'ordre de tirer sur vous si vous ne sortez pas de Suisse immédiatement.*»

Le pilote dit:

— Radio, prenez un télégramme: «*Pilote avion*
20 *anglais à commandement suisse: nous savons.*»

Et l'avion continue sa route.

Tout à coup, le pilote voit de petits nuages noirs, très bas, au-dessous d'eux, dans le ciel. Ce sont les canons suisses qui tirent sur l'avion anglais. Heureuse-
25 ment, celui-ci n'est plus très loin de la frontière fran-

[1]Abbreviated telegraphic style. Wherever the following expressions are used, the normal French would be:
à pilote avion anglais   au pilote de l'avion anglais;
à commandement suisse   au commandement suisse;
nous savons   nous le savons.

çaise, c'est-à-dire d'un pays ami. Quelques instants encore; la frontière est franchie, ils sont sauvés.

Alors, le pilote dicte un dernier télégramme au radio: «*Pilote avion anglais à commandement suisse: vos artilleurs tirent très mal, tous leurs obus ont éclaté* 5 *trop bas.*»

Le radio sort en riant de la cabine. Il est au contraire tout penaud quand il apparaît de nouveau, montrant un papier au pilote. Celui-ci lit: «*Commandement suisse à pilote avion anglais: nous savons.*» 10

Le Chat, la Belette
et le petit Lapin

PERSONNAGES:
Sidonie, *la belette*
Jeannot, *le lapin*
Raminagrobis, *le chat*

SIDONIE la belette est un petit animal très rusé. Ce matin, son terrier a été détruit par le soc d'une charrue. Au lieu d'en construire un nouveau, elle s'empare de celui de Jeannot Lapin, son voisin. Celui-ci
5 est sorti de bonne heure: il est allé dans les bois manger de l'herbe fraîche, encore toute mouillée de rosée.

Quand il revient, fatigué et repu, il aperçoit à la fenêtre de son terrier le nez pointu de Sidonie la
10 belette. Il s'écrie:

— Que faites-vous chez moi, Sidonie? Il est très impoli d'entrer ainsi chez les gens pendant leur absence.

La belette répond:

15 — Vous le voyez, je me suis installée dans ce terrier qui est fort confortable et qui, désormais, sera à moi.

Le petit lapin est très en colère:

— Sortez tout de suite, madame la belette, ou je vais

12

avertir tous les rats du pays, qui sauront vous mettre
à la porte.

Sidonie réplique calmement:

— La terre appartient à celui qui l'occupe le
5 premier. Et il est parfaitement ridicule de se disputer
pour un minuscule terrier. Trouvez-en un autre et
taisez-vous.

— Petit ou grand, répond le lapin, il est à moi et je
vous prie pour la dernière fois d'en sortir.

10 La belette dit:

— Pouvez-vous me dire en vertu de quelle loi vous
êtes propriétaire de ce terrier, plutôt que moi?

Jeannot est un peu embarrassé:

— Je ne sais pas. C'est mon grand-père qui l'a
15 transmis à mon père. Et mon père me l'a légué par
testament. C'est pourquoi ce terrier m'appartient
maintenant.

Sidonie comprend qu'elle n'obtiendra rien par la
discussion. Décidément ce petit lapin est plus têtu
20 qu'elle ne pensait. Elle dit:

— Bien, bien. Ne crions pas davantage. Allons
voir un juge compétent qui dira lequel de nous deux
a raison.

Jeannot accepte:

25 — D'accord. Allons chez Raminagrobis, le chat.

Raminagrobis est un bon gros chat, célèbre dans
toute la région pour sa compétence et sa sagesse.

Sidonie et Jeannot parviennent devant le juge.

Raminagrobis est accroupi au soleil et ronronne doucement. Sidonie s'adresse à lui:

— Monsieur le juge, nous avons besoin de votre aide.

Raminagrobis ouvre la moitié d'un œil, jette un regard rapide sur les deux contestants, se lèche les babines et dit:

— Approchez, mes amis, approchez. Je suis vieux et j'entends très mal. Je suis presque sourd.

Les deux plaideurs avancent de quelques pas, sans méfiance.

Sidonie demande:

— M'entendez-vous maintenant?

Le chat répond:

— Pas encore très bien. Venez tout près, tout près de moi.

Voici Jeannot et Sidonie si proches de Raminagrobis, le bon juge, qu'ils touchent presque ses longues moustaches.

Aussitôt qu'il voit les deux plaideurs à sa portée, Raminagrobis jette la patte des deux côtés en même temps et les met d'accord en les croquant l'un et l'autre.

Moralité: il est plus dangereux d'avoir affaire à un tribunal qu'à un adversaire.

D'après La Fontaine

Paresse Arabe

PERSONNAGES:

[Mohamed]
Ali } *jeunes Arabes*

M. John, *touriste*

CETTE HISTOIRE se passe en Tunisie. La Tunisie est un protectorat français. Il est habité surtout par des Arabes. Le climat y est très bon. Dans les oasis du Sud, le ciel est bleu, il fait chaud toute l'année et l'eau
5 coule fraîche à l'ombre des grands palmiers. Sur les arbres, on peut cueillir des figues, des oranges, des citrons, des dattes et des bananes. C'est un véritable paradis terrestre.

Mohamed et Ali habitent chacun dans une petite
10 maison blanche, faite avec de la terre. Ils n'aiment pas beaucoup travailler. Ils passent la plus grande partie de la journée sur le seuil de la porte à dormir au soleil.

Quand vient l'heure de manger, Ali s'allonge par
15 terre sous un figuier: il attend et enfin un fruit tombe de l'arbre près de lui. Alors, il tend le bras, attrape la figue, la mange et s'endort.

Quant à son ami Mohamed, il est encore plus paresseux que lui. Quand il a faim, il s'allonge sous le
20 figuier. Et quand un fruit est sur le point de tomber,

il ouvre simplement la bouche toute grande et la
figue tombe dedans!

Un jour, un touriste arrive dans l'oasis. C'est
monsieur John, riche directeur d'usines aux États-
5 Unis. Un matin, il rencontre Ali qui dort comme
d'habitude devant sa petite maison. Monsieur John
est surpris de voir un homme dormir ainsi à une
heure où tout le monde travaille en Amérique. Car
M. John est un grand travailleur. Il réveille Ali et
10 lui dit:
— Vous n'avez pas honte de dormir ainsi toute la
journée?
Ali répond:
— Pourquoi? Il est très agréable de se reposer et de
15 dormir.
M. John reprend:
— Il faut travailler dans la vie. Je travaille dix
heures par jour à New-York.
Ali demande:
20 — Pourquoi faut-il travailler?
M. John répond:
— Pour gagner beaucoup d'argent.
Ali demande de nouveau:
— Pourquoi faut-il gagner beaucoup d'argent?
25 — Pour être très riche.
— Pourquoi faut-il être très riche?
M. John répond:
— Prenez mon exemple. J'ai quarante ans. Dans
quelques années, j'aurai assez d'argent pour me

retirer des affaires et me reposer au soleil sans rien faire.

Alors Ali éclate de rire et dit:

— Prenez mon exemple. J'ai vingt ans. Je n'ai jamais travaillé de ma vie. Depuis que je suis né, je me repose au soleil sans rien faire. Pourquoi travailler si dur et si longtemps?

Et il se rendort.

Le Silence est d'or

PERSONNAGES:
Le Président de l'Université
Sa femme
Le Secrétaire du Président
Un vieux Professeur

ON VIENT de nommer un nouveau président à la tête d'une grande université américaine. Ce président est très jeune. Au cours de sa première visite à l'université, il a trouvé beaucoup de défauts. Il a critiqué les
5 bâtiments, les salles de classe, la tenue des étudiants. Le lendemain, il a dit à son secrétaire:

— Tous les professeurs sont trop vieux. Ils aiment trop la tradition. Il faut changer tout cela.

Le secrétaire s'étonne:

10 — Comment est-ce possible?

Le président réplique:

— Tout est possible. Nous allons commencer par démolir le stade.

Le secrétaire s'écrie:

15 — Comment? Mais pourquoi faire?

— Pour construire une bibliothèque plus grande à sa place.

— Mais le professeur de gymnastique ne sera pas content!

— S'il n'est pas content, nous le licencierons. Mais il sera content, car nous allons construire un nouveau stade, deux fois plus important que l'autre.

Le secrétaire demande:

— Mais où? Il n'y a plus une place de libre dans l'université.

— Aucune importance! Nous démolirons la bibliothèque.

Quelques jours plus tard, le président donne une soirée pour tous les membres du corps enseignant. Il y a beaucoup de monde dans le salon du président: des professeurs et leurs femmes, quelques étudiants et beaucoup d'étudiantes.

Un vieux professeur offre une tasse de thé à une jeune femme qui se tient derrière lui et il engage la conversation avec elle:

— Eh bien! madame, que pensez-vous de notre nouveau président?

La femme sourit:

— Je pense qu'il est fort aimable. Et vous?

Le professeur jette un regard prudent autour de lui, puis hausse les épaules:

— Moi, je pense que ses idées sont ridicules. Il veut tout transformer.

— Vous croyez que tout est parfait maintenant dans notre université?

— Non, répond le professeur, mais on n'améliore rien en démolissant tout. D'ailleurs nous l'empêcherons bien de réaliser ses stupides projets.

La femme réplique:

— Heureusement que le président ne vous entend pas. Il vous ferait mettre à la porte immédiatement.

Le professeur éclate de rire:

5 — Il en est bien capable, et je n'aime pas les dictateurs. Heureusement, il ne saura jamais ce que je pense. Personne ne nous entend.

La jeune femme sourit de nouveau:

— Monsieur le professeur, savez-vous qui je suis?

10 — Non, madame, nous n'avons pas été présentés.

— Je suis la femme du président!

Le professeur rougit légèrement, hésite, puis s'incline poliment et dit:

— Je vous présente mes hommages, madame la 15 Présidente. Et moi, savez-vous qui je suis?

— Non, nous n'avons pas été présentés.

Le professeur pousse un soupir de soulagement:

— Tant mieux, madame, tant mieux pour moi.

Et il s'éloigne rapidement dans la foule.

Sagesse d'un fou

PERSONNAGES:
Le porteur
Le rôtisseur
Le fou du Roi

NOUS sommes au début du seizième siècle. Devant la boutique d'un riche rôtisseur de Paris, un pauvre porteur mange son maigre repas composé d'un morceau de pain sec. Par la fenêtre sort le parfum des viandes qu'on fait rôtir: le porteur trouve plus 5 savoureux son pain ainsi parfumé. Mais le rôtisseur le regarde du fond de son magasin. Quand le porteur a fini, et qu'il se prépare à partir, le rôtisseur le prend par le bras et l'arrête. Il dit:

— Tu as mangé ton pain à la fumée de mon rôti. 10 Il faut me payer: tu me dois cinquante sous.

Le pauvre porteur est stupéfait. Il n'a jamais entendu dire qu'on devait payer la fumée d'un rôti! Il s'exclame:

— Vous vous moquez de moi. Je ne vous dois rien. 15

Le rôtisseur réplique:

— Je ne suis pas obligé de nourrir les pauvres avec la fumée de mes viandes. Si tu refuses de me payer . . .

— Je ne peux pas vous payer, je n'ai pas d'argent.

Le rôtisseur est impitoyable: 20

23

— Alors, je vais te prendre les crochets qui te servent à porter tes fardeaux.

Mais le porteur se met en colère. Il dit:

— Si vous essayez de le faire, je vais me défendre.
5 Vous êtes gras et petit, je suis grand et fort. Attention à vous!

La dispute fait beaucoup de bruit et les curieux accourent. Parmi eux se trouve Jean, le fou du roi. Son métier est d'amuser le roi et la cour par ses plaisan-
10 teries et ses farces.

Le rôtisseur pense que le fou lui sera favorable, car il fournit toutes les volailles qu'on mange à la cour. Aussi demande-t-il:

— Jean, voulez-vous juger notre dispute?
15 Le fou répond:

—Certainement. Les fous sont souvent plus sages que les sages. Voyons, vous, le porteur, expliquez-moi l'affaire.

Le porteur raconte ce qui s'est passé:
20 — Je mangeais mon pain devant la vitrine du rôtisseur. Et maintenant ce monsieur veut me faire payer la fumée de son rôti!

Jean dit d'un air profond:

— Ah, ah! A vous maintenant, rôtisseur.
25 Le gros marchand répond:

— C'est exact. Les clients doivent payer tout ce qu'ils consomment dans mon établissement. Le porteur a mangé son pain à la fumée de mon rôti. Or cette fumée m'appartient. Donc le porteur me doit
30 cinquante sous.

Jean le fou réfléchit quelques instants en silence, puis dit au porteur:

— Donnez-moi une pièce d'argent de cinquante sous.

Le porteur répond:

— Voici ma dernière pièce.

Le fou la prend, la regarde avec attention, la mord, la soupèse gravement pour voir si elle est bonne. Les curieux regardent la scène sans comprendre. Enfin Jean laisse tomber la pièce sur le comptoir du rôtisseur, la ramasse, la fait tomber de nouveau pour la faire bien sonner. Puis il se tourne vers les assistants et déclare très solennellement:

— Voici le jugement du tribunal: le porteur qui a mangé son pain à la fumée du rôti vient de payer le rôtisseur avec le son de son argent. Porteur, voici votre pièce. Vous êtes quittes. Allez en paix.

D'après Rabelais

De Charybde en Scylla

Personnages:
Le premier spectateur
Le deuxième spectateur

La Société de Bienfaisance du VIème Arrondissement à Paris donne son concert annuel. Il y a, comme
dans tous les concerts de bienfaisance dans le monde
entier, une grosse dame qui chante avec plus de bonne
5 volonté que de compétence. Elle a commencé il y a
plus d'une demi-heure et le morceau qu'elle interprète ne semble pas près de sa fin.

Dans la salle, parmi les spectateurs peu nombreux,
mais polis, un monsieur se fait remarquer par des
10 bâillements sonores et répétés. A la fin, n'y tenant
plus, il se penche vers son voisin, qui écoute au contraire avec recueillement, et murmure:

— Cette chanteuse est épouvantable, ne trouvez-
vous pas?

15 L'homme se retourne à peine et dit sèchement:
— Non, je ne trouve pas.

Le premier spectateur ne se tient pas pour battu.
Il reprend:
— Voyons. Sa voix est chevrotante, elle hurle
20 comme une vache, elle est affreuse à regarder et ne
connaît manifestement pas une note de musique.

26

L'homme ne répond pas. Notre spectateur continue:

— D'ailleurs elle ne doit pas être très célèbre: son nom ne figure pas sur le programme. La connaissez-vous par hasard?

5 — Oui, dit l'autre, c'est ma femme.

Le premier spectateur est affreusement gêné. Il tente de s'excuser:

— Vous savez, après tout, j'ai l'oreille assez mauvaise et je peux fort bien me tromper sur la
10 qualité de sa voix. Et puis, elle a une manière toute personnelle de chanter; on l'entend très bien du fond de la salle ... Mais une chose est certaine: le jeune homme qui l'accompagne au piano a besoin de prendre des leçons; il joue comme un sauvage. Il
15 frappe sur son instrument comme sur un tambour.

Le deuxième spectateur l'arrête:

— Monsieur, je pense que ce jeune homme joue très bien pour son âge. Nous ne sommes pas à l'Opéra, que diable! Je l'ai entendu jouer plusieurs fois des
20 morceaux très difficiles ...

— Tiens! Où donc?

— Chez moi, c'est mon fils.

Quel embarras pour le premier spectateur! Il décide d'être prudent désormais: le plus sûr est de se taire.

25 L'entr'acte arrive. Notre gaffeur se précipite dans le couloir pour échapper aux regards de son voisin. Mais, par malchance, au moment où il allume une cigarette, il se trouve face à face avec celui-ci. Il tente alors de s'excuser:

— Croyez-moi, cher monsieur, je plaisantais au sujet de votre fils. Le public pense que c'est un excellent pianiste. Il a beaucoup d'habileté et d'enthousiasme. C'est beau, le feu de la jeunesse! Mais pourquoi lui avoir donné un piano aussi détestable? 5

Le monsieur fronce les sourcils:

— C'est un Steinway, monsieur.

— Bien sûr, mais vous avez lu le programme: «*Piano offert par la maison Durand.*» C'est un vieux piano qui tombe en ruine: ces marchands de musique 10 sont des filous! Si vous les connaissiez comme moi ...

— Je les connais mieux que vous, interrompt le monsieur. Monsieur Durand est mon frère.

Heureusement pour son interlocuteur, la sonnerie de l'entr'acte retentit. Les deux spectateurs regagnent 15 leurs sièges voisins et l'obscurité dissimule leur gêne. Un ténor s'avance sur la scène et entonne un air d'opéra.

Incorrigible, notre gaffeur se penche vers son voisin et souffle: 20

— Très bon chanteur, n'est-ce pas?

L'autre approuve de la tête.

Le premier reprend:

— Et que pensez-vous de la musique? C'est un de vos parents qui l'a composée, sans doute? 25

— Mais non, monsieur!

— Ah! Tant mieux. Car, à vous parler franchement, elle est abominable. Je plains son auteur. Il a dû composer cela pour endormir les auditeurs. Le connaissez-vous par hasard? 30

— Oui, monsieur. C'est moi.

Non coupable

PERSONNAGES:
Nicolas
L'Avocat
Le Juge

UN CÉLÈBRE avocat reçoit un jour dans son bureau un client à la mine très ennuyée:

— Qu'y a-t-il pour votre service? demande l'avocat.

Le client répond:

5 —Je m'appelle Nicolas et il m'arrive une histoire désagréable.

L'avocat dit:

— Racontez-la-moi. Je vous écoute.

— Voici. Tous les jours quand je rentre chez moi, 10 je trouve une voiture garée devant l'allée de mon garage. J'ai été très patient pendant quinze jours. J'ai laissé un mot sur le pare-brise. En vain. J'ai attendu le propriétaire de la voiture. Je l'ai enfin rencontré avant-hier et je lui ai demandé poliment de 15 garer sa voiture ailleurs.

L'avocat demande:

— Je suppose qu'il a obéi?

Nicolas répond:

— Pensez-vous! Hier soir, j'ai trouvé encore une fois 20 la même automobile devant l'allée. Alors, je me suis mis en colère, j'ai pris mon couteau et j'ai crevé un des pneus arrière!

L'avocat hoche la tête:

—Vous avez eu tort. Quelqu'un vous a vu?

Nicolas dit:

— Si personne ne m'avait vu, je ne viendrais pas
5 demander votre aide.

L'avocat sourit:

— Qui vous a surpris?

— Le propriétaire de l'auto lui-même. Il m'a
dérangé pendant ma petite opération.

10 — Qu'a-t-il dit?

— Il a dit: «Voulez-vous mon couteau? Il est
mieux aiguisé.»

— C'est tout?

— Non, il a pris mon nom et le numéro de ma
15 voiture.

L'avocat réfléchit un moment et déclare:

— Donnez-moi quelques jours pour étudier votre
dossier.

Nicolas se lève pour partir. L'avocat poursuit:

20 — Donnez-moi aussi dix mille francs comme pre-
miers honoraires.

La semaine suivante, Nicolas repasse au bureau de
l'avocat et demande:

— Alors, où en est mon affaire?

25 L'avocat se frotte les mains:

— Tout est pour le mieux. Vous passez en jugement
lundi matin. Mais votre adversaire n'a pas répondu
aux convocations. Il ne se présentera sans doute pas
au procès.

Nicolas demande:

— Bien. Et que devrai-je faire?

— Puisque personne ne sera là pour vous accuser, plaidez simplement non coupable. Niez et vous serez acquitté. 5

Le jour du jugement arrive. En entrant dans la salle, l'avocat renouvelle ses conseils à Nicolas:

— Niez tout. Vous n'avez pas crevé le pneu de l'auto. Plaidez non coupable.

A ce moment, le juge pénètre dans la salle d'au- 10 dience et s'assied sur l'estrade. Il se tourne vers Nicolas, donne lecture de l'acte d'accusation et demande:

— Monsieur Nicolas, plaidez-vous coupable ou non coupable?

Et Nicolas répond: 15

— Coupable, Monsieur le juge.

— Je vous condamne donc à un mois de prison.

A la sortie, l'avocat de Nicolas, furieux, se précipite sur lui:

— Mais sapristi, vous êtes fou. Vous étiez sûr de 20 gagner en plaidant non coupable. Pourquoi avez-vous fait cela? Votre adversaire était absent: quelques mots de moi étaient suffisants. Je connais très bien le juge...

Nicolas réplique:

— Moi aussi, hélas! 25

— Comment? dit l'avocat avec étonnement. Vous connaissez aussi le juge?

Nicolas répond, la tête basse:

— Oui, c'est le propriétaire de la voiture!

Le Trompeur trompé

PERSONNAGES:

Maître Pathelin, *avocat*
Madame Isabelle, *sa femme*
Monsieur Guillaume, *marchand de drap*
Thomas, *berger de Monsieur Guillaume*
Le Juge

MONSIEUR PATHELIN est un avocat très rusé. Cependant il est très pauvre: le buffet de la cuisine est vide, les vêtements de sa femme Isabelle sont usés. Comme la bourse est vide, il ne peut pas lui en acheter
5 d'autres. Monsieur Pathelin est pauvre parce qu'il n'a pas de clients et il n'a pas de clients parce qu'il n'est pas honnête.

Ce matin, il sort de chez lui et fait une promenade. Il entre chez monsieur Guillaume, le marchand de
10 drap:

PATHELIN: Comment allez-vous, monsieur Guillaume?

GUILLAUME: Très bien. Voulez-vous acheter du tissu?

PATHELIN: Certainement. Vous en avez de très
15 beau dans la vitrine.

GUILLAUME: Vous avez bon goût. C'est mon meilleur tissu. C'est aussi le plus cher. Il coûte mille francs le mètre.

PATHELIN: Le prix n'a pas d'importance. Ma femme doit porter la plus belle robe de la ville.

GUILLAUME: Combien vous en faut-il?

PATHELIN: Quatre mètres.

GUILLAUME: Voilà. Cela fait quatre mille francs.   5

PATHELIN: Je n'ai pas d'argent sur moi. Mais venez donc dîner ce soir à la maison. Ma femme Isabelle fait rôtir en ce moment une belle oie. Nous la mangerons ensemble.

GUILLAUME: Merci. J'accepte avec plaisir.   10

Pathelin sort en emportant le drap sous le bras. Et le marchand se frotte les mains. Il a fait un gros bénéfice sur le tissu. Du moins, il le croit.

Le soir, il arrive devant la maison de Pathelin. Tout est sombre. Il n'y a pas de lumière aux fenêtres. On   15 n'entend aucun bruit. Guillaume frappe à la porte. Isabelle vient ouvrir doucement:

GUILLAUME: Bonsoir, madame.

ISABELLE: Bonsoir, monsieur Guillaume. Que voulez-vous?   20

GUILLAUME: Votre mari m'a invité à dîner ce soir.

ISABELLE: Vous devez vous tromper. Mon mari est très malade. Il est au lit depuis huit jours.

GUILLAUME: Mais c'est impossible . . . Il est venu cet après-midi à mon magasin acheter quatre mètres   25 de tissu pour vous. Il a promis de me payer ce soir.

ISABELLE: Puisque vous ne me croyez pas, entrez. Venez voir mon pauvre mari qui va mourir . . . Chut . . . écoutez . . . il délire . . .

On entend des cris et des plaintes. Isabelle pleure.

GUILLAUME: Je ne comprends pas ce qui arrive, madame. Mais je ne veux pas vous déranger. Excusez-moi. Au revoir, madame.

5   Et Guillaume s'en va, tout confus. Aussitôt, Pathelin se lève et se met à table; sa femme apporte la belle oie rôtie. Ils mangent joyeusement, car ils ont trompé le marchand de drap.

A ce moment, Thomas, berger du même marchand
10 Guillaume, arrive: il vient demander à maître Pathelin de le défendre au tribunal contre son maître.

PATHELIN: De quoi t'accuse-t-il?

THOMAS: D'assommer ses moutons et de les vendre, au lieu de les garder.

15   PATHELIN: Est-ce vrai?

THOMAS: Oui.

PATHELIN: Comment expliques-tu cela à ton maître?

THOMAS: Je lui dis qu'ils meurent de maladie.

20   PATHELIN: Ton cas est très difficile à défendre.

THOMAS: Si vous gagnez, je vous donnerai dix mille francs.

PATHELIN: J'accepte. Écoute. Suis mes conseils. Si quelqu'un te parle, réponds seulement «Bèe...»
25 comme tes moutons. Tu as compris?

THOMAS: Oui. Si quelqu'un me pose une question, je répondrai seulement «Bèe...». Même à vous?

PATHELIN: Oui, même à moi. A demain.

Le lendemain, Thomas et Pathelin vont ensemble au tribunal. Dans la salle, il y a le juge derrière son bureau et le marchand de drap Guillaume qui est aussi le maître de Thomas. La séance commence.

LE JUGE: Thomas, ton maître Guillaume t'accuse 5 de tuer les moutons que tu dois garder, et de les vendre. Est-ce vrai?

THOMAS: Bèe . . .

LE JUGE: Comment?

THOMAS: Bèe . . . 10

A ce moment, le marchand Guillaume aperçoit maître Pathelin qui se cache derrière Thomas. Guillaume est stupéfait de voir maître Pathelin; car, la veille, Isabelle lui avait dit qu'il était sur le point de mourir. 15

GUILLAUME: Monsieur le juge, cet homme est un voleur. Il m'a volé quatre mètres de tissu.

Le juge ignore que, la veille, maître Pathelin a trompé le marchand de drap; il croit que Guillaume accuse *le berger* d'avoir volé le drap. 20

LE JUGE: Mais non, monsieur Guillaume, cet homme est accusé d'avoir volé des moutons.

PATHELIN: Monsieur le juge, monsieur Guillaume ne sait pas ce qu'il dit.

LE JUGE: Thomas, as-tu volé des moutons ou du 25 drap?

THOMAS: Bèe . . .

LE JUGE: Comment?

THOMAS: Bèe . . .

GUILLAUME: Monsieur le juge, je dis la vérité: cet homme m'a volé quatre mètres de mon plus beau tissu.

LE JUGE: Monsieur Guillaume, je suis ici pour
5 juger un vol de moutons. Revenons à nos moutons.

GUILLAUME: Mais, Monsieur le juge. . . .

PATHELIN: Vous voyez, Monsieur le juge, ce marchand ne sait pas ce qu'il dit. Vous ne pouvez pas condamner ce pauvre berger. Il ne peut même pas
10 parler. Il sait seulement faire «Bèe . . .» comme ses moutons. En outre, monsieur Guillaume ne sait même pas ce qu'il reproche à Thomas.

GUILLAUME: Pardon, Monsieur le juge. . . .

LE JUGE: Vous avez raison, maître Pathelin. Je
15 déclare Thomas innocent. Et j'avertis monsieur Guillaume qu'il ne doit pas se moquer de la justice.

GUILLAUME: C'est stupide, c'est ridicule.

LE JUGE: Si vous insultez le tribunal, je vous condamne à une amende.

20 Thomas et maître Pathelin reviennent ensemble à la maison. Pathelin demande à Thomas:

PATHELIN: Eh bien . . . Tu es content? Tu as gagné ton procès. Souviens-toi maintenant de ta promesse. Tu me dois dix mille francs.

25 Mais Thomas n'a pas oublié les conseils de son avocat; il s'enfuit en criant:

THOMAS: Bèe . . . Bèe . . .

D'après la Farce de Pathelin

Le Renard et les anguilles

PERSONNAGES:

[Le renard]
Le conducteur de la charrette

NOUS SOMMES en hiver. Sur un sentier au milieu des champs, le renard marche solitaire: son ventre est flasque, son œil vitreux. Le renard n'a pas mangé depuis une semaine. Les prés sont recouverts de neige, les rivières d'une épaisse couche de glace: pas 5 de gibier, pas de poissons. Les paysans se tiennent enfermés chez eux, près de leur cheminée. Quant aux poulets, lapins et autres animaux domestiques, nourriture habituelle du renard, ils sont eux aussi à l'abri derrière des murs épais. 10

Les pensées du renard sont donc sombres: il n'y a plus rien à faire. Il va s'allonger au bord du chemin et mourir de faim et de froid.

A cet instant, le renard entend un bruit de clochettes. Il se retourne et voit dans le lointain sur la 15 route une voiture de maraîcher, arrivant vers lui, très vite.

La première réaction du renard est de décamper à toute allure. En effet, charrette signifie conducteur, conducteur signifie homme, et homme signifie danger 20 pour les renards. Mieux vaut donc s'enfuir ou se cacher.

Mais soudain, le renard a une idée splendide. Dangereuse aussi, mais mourir pour mourir, mieux vaut prendre le risque. Il s'étend au milieu de la route, à l'endroit où doit passer la charrette, se raidit et ne bouge plus.   5

Quand le conducteur aperçoit le corps du renard étendu sur la terre gelée, il se dit:

— Bonne affaire. Ce renard est mort de froid. Je vais le mettre dans ma charrette et je pourrai vendre sa peau à un bon prix.   10

Sitôt dit, sitôt fait. Il descend de son siège, attrape le renard par les pattes de derrière et le jette dans la caisse, à l'arrière de sa voiture.

Le renard est tout d'abord un peu assommé. Il a peur. Il ne remue pas, car il ignore si le conducteur peut le   15 voir. Il respire un parfum délicieux de poissons. Il ouvre prudemment un œil, puis l'autre. Il se rend compte qu'il est étendu sur un grand panier plein d'anguilles fraîches. Et la chance le favorise, car une paroi de planches le sépare du conducteur, qui ne peut   20 ainsi pas le voir.

Vous pensez que le renard ne perd pas de temps. Il avale anguille sur anguille et, quand il est bien rassasié, il se relève, saisit deux ou trois poissons dans sa gueule et hop! il saute à bas de la charrette et   25 s'enfuit à travers champs. Pendant que le conducteur, ahuri, s'écrie du haut de son siège:

— Sapristi, voilà mon cadavre qui galope!

D'après le Roman de Renart

La Tarte et le pâté

PERSONNAGES:

Le pâtissier
La femme du pâtissier
Georges ⎱
Armand ⎰ *mendiants*

IL FAIT très froid. La neige tombe sur la ville. Dans les rues, les passants se hâtent vers leur demeure.

Devant la boutique d'un pâtissier, Georges et Armand tendent la main. Ce sont deux vieux mendiants.
5 Ils grelottent de froid, car leurs habits sont usés et déchirés. Ils n'ont pas d'argent pour en acheter d'autres. Et ils ont faim aussi, car ils n'ont pas mangé depuis la veille. Ils mendient pour pouvoir dîner ce soir.

10 Mais les habitants de la ville sont pressés et ne font pas attention à eux. Car il fait nuit et une table bien garnie les attend chez eux dans une salle à manger bien chauffée.

A cet instant, le pâtissier sort sur le pas de sa porte.
15 Il est très bien habillé. Il parle à sa femme qui est à l'intérieur de la boutique:

— Je vais dîner ce soir chez des amis.

La femme répond:

— Je sais. Ne rentre pas trop tard. Et n'oublie pas
20 le pâté que tu dois offrir comme cadeau à tes amis.

42

Le pâtissier dit:

— Je suis déjà trop chargé. Je ne peux pas emporter ce pâté. Mais j'enverrai un messager le chercher.

Georges a entendu cette conversation. Quand le pâtissier est parti, il dit à Armand:

— J'ai une idée.

— Cela m'étonne de toi.

Georges réplique:

— Si tu veux manger du pâté ce soir, écoute-moi sans plaisanter.

Armand dit:

— Pour du pâté, je suis capable de t'écouter pendant toute une heure.

Alors, Georges expose son plan:

— Voilà. Tu vas entrer dans ce magasin. Tu diras à la pâtissière que tu es le messager envoyé par son mari pour prendre le pâté. Elle te le donnera et nous le mangerons ensemble.

Armand s'exécute. Tout se passe comme prévu. Et nos deux mendiants emportent le pâté sous un pont voisin où ils font un excellent dîner.

Pendant ce temps, le pâtissier est rentré chez lui. En effet, ses amis n'étaient pas au rendez-vous. Il dit à sa femme:

— Je ne sais pas ce qui s'est passé. Mes amis ont dû se tromper de jour. Tant pis, nous allons manger seuls, toi et moi. Donne-nous un peu de ce fameux pâté.

— Quel pâté? dit la femme avec étonnement. Ton messager est venu le prendre il y a un instant.

Le pâtissier s'exclame à son tour:

— Quel messager? Je n'ai pas envoyé de messager. Ce doit être un voleur. Et tu es bien bête, ma femme, de t'être ainsi laissé tromper.

Et il sermonne sa femme vertement.

Sous leur pont, Georges et Armand finissent leur pâté. Georges dit alors:

— Quel bon repas! Il ne nous manque qu'un dessert...

Armand murmure:

— Dans la pâtisserie, j'ai vu une tarte aux pommes splendide!

Georges s'écrie:

— C'est magnifique. Va vite la chercher.

Mais Armand proteste:

— Ah non! Chacun son tour. C'est à toi d'y aller maintenant.

— Soit, dit Georges.

Et il se dirige vers la pâtisserie. Quand il ouvre la porte, le pâtissier est dans l'arrière-boutique. Sa femme se tient derrière le comptoir. Elle dit:

— Bonjour, monsieur. Que désirez-vous?

Georges répond:

— Je viens de la part de votre mari chercher une tarte aux pommes. Il en a besoin pour l'offrir à ses amis.

A ces mots, le pâtissier entre dans la boutique et saisit Georges par les épaules. Il s'écrie:

— Ah, mon gaillard! Je te tiens, escroc, voleur! Je vais te livrer sans retard aux gendarmes. Mais auparavant, dis-moi où est le pâté que tu es venu 5 chercher tout à l'heure?

Georges a très peur. Il se jette à genoux et supplie:

— Pitié, monsieur, ne me livrez pas aux gendarmes. Ce n'est pas moi qui suis venu chercher le pâté. Demandez à votre femme.   10

La femme du pâtissier confirme:

— Il dit la vérité. C'est un autre qui est venu chercher le pâté.

Le pâtissier demande:

— Mais où est ce pâté?

Georges répond: 15

— Ici.

Et il désigne son ventre.

Le pâtissier soupire:

— Je crois que mon pâté est bel et bien perdu.

Il s'adresse à Georges: 20

— J'ai décidé de t'épargner à une condition: si ton ami et complice accepte de venir ici se remettre entre les mains de la police. Maintenant, si tu es d'accord, file . . .

Georges, bien entendu, ne demande pas son reste. 25 Il court retrouver Armand qui l'attend sous le pont.

Armand demande:

— Alors, et cette tarte?

Georges prend un air gai et dit:

— La femme du pâtissier la donnera seulement au messager qui est venu chercher le pâté. Dépêche-toi.
5 Elle t'attend pour te la remettre.

Armand se lève et dit:

— D'accord. Je serai de retour dans dix minutes.

Et Armand se précipite vers la pâtisserie, sans remarquer le sourire ironique de Georges.

10 Au magasin une surprise l'attend: au lieu de la tarte aux pommes, deux gendarmes, qui lui mettent les menottes aux mains et l'emmènent en prison.

Pendant que Georges réfléchit à la bonne leçon qu'il vient de recevoir et décide qu'il est plus simple
15 de rester honnête.

D'après la Farce

Les Bandits

PERSONNAGES:

Paul ⎱
Louis ⎰ *voyageurs*
Le bûcheron
La femme du bûcheron
[Un vieillard]
[Les enfants]

PAUL et Louis sont deux amis. Ils voyagent à pied
en Italie. La région la plus sauvage et la moins
civilisée de l'Italie est la Calabre. Il y a de grandes
forêts, des montagnes très hautes et des routes très
étroites et très isolées.   5

Paul est jeune et courageux. Louis est plus âgé et
poltron.

Un soir, après une longue journée de marche, les
deux amis ne retrouvent plus leur chemin. Ils sont
perdus. La nuit est noire et on ne voit rien.   10

Heureusement, au bord du chemin, une lumière
brille. C'est une petite maison de bûcherons. Paul
dit:

— Entrons dans cette maison.

Louis répond: 15

— Nous ne connaissons pas ces gens. Ce sont peut-
être des bandits. La maison a l'air sinistre. J'ai peur.

Mais Paul réplique:

— Nous ne pouvons pas coucher dehors. Il faut entrer.

Et il frappe à la porte.

5   Au bout de quelques secondes, elle s'ouvre lentement. Un homme au visage sombre les regarde sans douceur, puis demande:

— Que voulez-vous?

Paul répond:

10   — Nous avons perdu notre chemin dans la nuit. Pouvez-vous nous donner à manger?

L'homme hésite un instant, puis dit:

— Entrez.

Paul et Louis pénètrent dans une grande salle basse. 15 Au milieu, il y a une table. Une femme, un vieillard et des enfants sont assis en rond autour de la table. Ils mangent en silence. Personne ne parle aux jeunes voyageurs. L'homme leur désigne du doigt deux chaises. Il apporte deux couverts et leur donne à 20 manger. L'homme demande:

— D'où venez-vous?

Paul répond:

— De Paris. Nous voyageons à travers l'Italie. C'est un très beau pays.

25   Le bûcheron remarque:

— Mais il est très imprudent de voyager ainsi, seuls et sans armes, dans un pays aussi dangereux que la Calabre.

Paul sourit:

— En effet, car nous avons beaucoup d'argent et il
doit y avoir des bandits dans la forêt. Ils seraient
prêts à tuer pour voler ceci.

Et il montre son portefeuille, gonflé de billets de
banque.   5

Louis pense que Paul est très stupide de parler et
d'agir ainsi. Il regarde autour de lui: sur les murs, il
y a toutes sortes d'armes, des fusils, des couteaux
effrayants. Et les gens autour de la table ont bien
des allures de bandits.   10

Mais Paul n'a pas l'air de se rendre compte du
danger. Et il continue à parler:

— Nous avons très bien mangé. Avez-vous maintenant un lit? Nous sommes morts de fatigue et nous
voulons dormir.   15

Louis intervient vivement:

— Ne crois-tu pas qu'il vaut mieux partir?

Mais le bûcheron prend la parole:

— Nous avons deux lits au grenier. Ils ne sont pas
très confortables, mais je les mets à votre disposition. 20

Paul accepte sans discuter:

— Ce sera bien suffisant pour une nuit. Merci.

Le bûcheron dit alors:

— Suivez-moi. Je vais vous montrer votre chambre.

Il prend une bougie et commence à monter l'escalier. 25
Paul et Louis le suivent.

Le lit se trouve en effet dans un petit grenier, sous
les poutres du toit. Du plafond pendent des saucisses,
des jambons et des provisions diverses pour l'hiver.

C'est la coutume dans les pays du Midi. Paul se
couche immédiatement. Mais Louis tremble de peur.
Il est persuadé que leurs hôtes sont des criminels et
des voleurs. Il ne peut pas parvenir à s'endormir. Il
5 jette un coup d'œil par la minuscule fenêtre du
grenier: il est impossible de s'enfuir par là, car la
fenêtre est trop élevée et il y a, dans la cour en bas,
deux gros chiens menaçants.

Dans la salle du rez-de-chaussée, le bûcheron et sa
10 femme parlent. Louis essaie de comprendre ce qu'ils
disent. Il écoute avec attention.

Le bûcheron dit:

— Faut-il les tuer tous les deux?

La femme répond:

15 — Oui, bien sûr, tous les deux.

Louis entend alors des bruits de pas. Le bûcheron
et sa femme montent l'escalier. Louis se couche vite
et fait semblant de dormir, les couvertures tirées
jusqu'au-dessus de sa tête. Mais il regarde d'un œil.
20 Il voit le bûcheron, un grand couteau à la main,
entrer sur la pointe des pieds dans le petit grenier. La
femme dit à voix basse:

— Marchons doucement. Ne faisons pas de bruit
pour ne pas les réveiller.

25 Son mari saisit un beau jambon qui pendait au
plafond, en coupe deux tranches et repart comme il
était venu.

Louis passe le reste de la nuit dans l'angoisse et
l'inquiétude. Le lendemain matin, le bûcheron vient

réveiller les deux amis. Ils doivent partir de bonne heure car ils doivent parcourir une longue étape. Paul dit:

— J'ai très bien dormi. Mais qu'as-tu, Louis? Tu as
5 l'air très fatigué.

Louis n'ose pas avouer sa peur. Il dit:

— J'ai été souffrant cette nuit. Mais je vais bien maintenant.

Toute la famille est déjà rassemblée autour de la
10 table pour le petit déjeuner. La femme du bûcheron apporte alors une besace contenant des vivres pour le voyage. Et quand Louis ouvre la besace, il comprend enfin le sens mystérieux des terribles paroles entendues la veille: «Faut-il les tuer tous les deux?»

15 Dans la besace, il y a deux magnifiques poulets fraîchement rôtis et deux belles tranches de jambon!

D'après Paul-Louis Courier

Le Mieux est l'ennemi du bien

PERSONNAGES:
Alfred
Le médecin
La femme d'Alfred

ALFRED habite Paris. Comme il mange beaucoup, il est très gros. Il s'est pesé ce matin: la balance indique cent dix kilos. Il est désespéré. Il se décide à aller voir un médecin.

— Docteur, dit-il, je veux maigrir.   5

— C'est très simple, mon ami. Voici mon ordonnance: promenez-vous à pied deux heures le matin, deux heures le soir. Revenez me voir dans six mois.

Au bout de six mois, Alfred revient voir le médecin. Celui-ci lui demande: 10

— Alors, comment vous portez-vous?

Alfred répond:

— Fort bien, docteur, votre régime est excellent. J'ai maigri de dix kilos.

— Parfait. Je le savais.   15

— Mais j'ai tellement marché que mes pieds sont constamment enflés.

Le médecin hausse les épaules:

— Cela n'est rien. Voici mon ordonnance: deux bains de pieds par jour dans de la boue d'argile. Dans trois   20 mois, vos pieds seront en parfait état.

Trois mois après, Alfred se présente de nouveau chez le médecin:

— Mes pieds vont en effet beaucoup mieux. Je n'en souffre plus du tout.

5   Le médecin l'examine et conclut:

— Parfait. Mon traitement par l'argile est infaillible . . .

— Seulement, interrompt Alfred, tous ces bains de pieds m'ont donné une douleur incessante dans la
10 gorge.

Le médecin fait ouvrir la bouche à Alfred, y plonge un instrument, le retire, le regarde, médite et dit enfin:

— Cela n'est rien. Nous allons guérir cette laryngite
15 chronique par des moyens modernes: l'électricité. Une séance de traitement tous les trois jours. Dans deux mois, vous parlerez tout à votre aise.

En effet, deux mois après, Alfred est guéri. Le médecin lui demande, en recevant ses honoraires:

20   — Tout va bien, maintenant, Alfred?

— Oui, docteur, sauf mes nerfs.

— Vos nerfs?

— Oui, docteur. Vos traitements électriques m'ont rendu très nerveux. Je n'arrive plus à m'endormir.

25   — Cela n'est rien, réplique le médecin, voici mon ordonnance: à chaque repas, prenez quelques gouttes de cette potion. Revenez me voir dans six mois. Tout ira bien.

Six mois s'écoulent. La prédiction du médecin se réalise: tout accident nerveux a disparu chez Alfred. Mais celui-ci est maintenant toujours de mauvaise humeur. Sa femme est inquiète: elle finit par appeler le médecin. Celui-ci arrive, ausculte Alfred et dit:

— L'estomac, vous souffrez de l'estomac. Cette potion est très mauvaise pour les estomacs fragiles. Heureusement, on vient de découvrir un régime très simple et très efficace contre les maladies de ce genre.

Alfred demande, un peu sceptique:

— Quel est ce nouveau régime?

— Peu de viande, peu de vin, de l'eau et des purées de haricots, des purées de pois, des purées de pommes de terre, des purées de courges. Vous verrez: le succès est certain.

Pendant plusieurs semaines, Alfred a mangé des purées et bu de l'eau. Son estomac est maintenant guéri. Mais ce régime l'a fait énormément grossir: il pèse maintenant cent vingt-cinq kilos!

Sa femme lui dit:

— Il faut maigrir. Va donc voir ton médecin.

Il répond avec colère:

— Non, j'en ai assez. Si je vais voir mon médecin, il va me faire marcher, mes pieds vont enfler . . . et tout va recommencer.

Alors, sa femme va voir le médecin en secret. Quand elle rentre, elle dit à son mari:

— Le médecin te conseille de faire de l'équitation. Voici son ordonnance. Loue un cheval très rapide et très vigoureux. En quelques jours, ton poids sera redevenu normal.

Trois jours après, le médecin reçoit un coup de téléphone:

— Allo, docteur, ici Alfred. Votre conseil était excellent. J'ai déjà perdu vingt kilos.

Le docteur s'exclame:

— Vingt kilos en trois jours! C'est remarquable. Toutes mes félicitations!

— Il n'y a pas de quoi. Je suis tombé de cheval. On a dû me couper la jambe droite. Elle pesait exactement vingt kilos!

D'après Tristan Bernard

Une Opération miraculeuse

PERSONNAGES:
Un ouvrier
Le chef du chantier
Le docteur Lafleur
Le rédacteur en chef de *La Gazette*
Le reporter de la radio
[Raoul]

UN CHANTIER de bûcherons à une centaine de milles au nord de Québec. Il est dix heures du matin. Le chef du chantier travaille dans son bureau, comme de coutume. Tout à coup la porte s'ouvre brusque-
5 ment. Un ouvrier entre en coup de vent. Il crie:

— Patron, patron!

— Qu'y a-t-il?

— Un miracle . . . Le docteur du chantier a fait un miracle!

10 — Allons, allons . . . Calme-toi. Raconte.

— Voilà. Ce matin, de bonne heure, Raoul coupait des arbres avec une scie électrique. Soudain la scie a glissé de sa main et lui a coupé la jambe droite.

— Comment?

15 — Oui. Complètement coupé . . . On l'a porté chez le docteur Lafleur et en moins d'une heure il la lui a arrangée. Maintenant il marche comme avant.

Le chef demande:

— Il ne boite même pas?

Le bûcheron répond:

— Si, mais il boitait déjà auparavant.

— C'est incroyable. Cours immédiatement me chercher le docteur. Je veux avoir une explication sans tarder.

Quelques instants après, le docteur Lafleur pénètre à son tour dans le bureau du chef. C'est un médecin âgé à l'air très aimable. Il demande:

— Vous m'avez fait appeler?

—Oui. Ce que je viens d'apprendre est-il vrai, docteur? Avez-vous réellement recollé cette jambe?

— Bien sûr. Ça n'est pas très difficile.

— Vous êtes trop modeste, comme toujours. Comment avez-vous fait?

— Tout simplement avec des bandes de toile trempées dans du goudron.

— Docteur, vous êtes un grand savant. Je veux que tout le pays soit au courant de votre découverte. Ne protestez pas. Vous allez voir.

Le chef du chantier décroche le téléphone. Il dit à l'opératrice:

— Donnez-moi la rédaction du journal *La Gazette* à Montréal . . . Bien . . . Vous me rappellerez?

Quelques secondes s'écoulent. Puis la sonnerie du téléphone retentit:

— Allo! Je voudrais parler au rédacteur en chef. Vous me le passez? Merci . . . Allo! C'est le rédacteur en chef? Bonjour, monsieur. Voici: un événement sensationnel vient de se produire dans mon chantier: un ouvrier s'est coupé la jambe avec une scie et le docteur Lafleur vient de la rajuster en moins d'une heure avec du goudron et des bandes de toile!

Le rédacteur en chef s'écrie:

— Extraordinaire! Puis-je vraiment vous croire?

5 — Sur parole. Vous me connaissez. D'ailleurs l'ouvrier est ici au chantier et marche comme vous et moi.

Le rédacteur en chef réfléchit un instant, puis déclare:

— Merci beaucoup, cher monsieur. Je vais faire
10 une édition spéciale à ce sujet. Tout le Canada va savoir ce qui s'est passé chez vous. Je vous fais envoyer aussi un reporter de la radio. Au revoir.

Le chef du chantier se tourne alors vers le médecin et lui dit:

15 — Voilà. Docteur, demain vous serez célèbre.

Le docteur hausse les épaules:

— Pourquoi tout cela? N'importe qui peut faire ce que j'ai fait... Je n'ai pas de temps à perdre. Bonsoir.

20 Mais le lendemain tous les journaux de Montréal parlent de l'événement sensationnel. *La Gazette* a comme titre: «En moins d'une heure, le docteur Lafleur répare une jambe coupée.» La nouvelle se répand dans toute la province, puis dans tout le
25 pays. A Québec, à Toronto et jusqu'à Vancouver, on lit des comptes rendus de l'opération miraculeuse.

Au chantier, vers midi, un reporter de Radio-Canada arrive en auto, suivi d'un technicien et de son microphone. En quelques minutes, on a préparé l'installation nécessaire dans le bureau du chef de chantier. L'émission commence et le reporter présente le docteur Lafleur à ses auditeurs:

— Mesdames, messieurs, j'ai le grand honneur 5 d'avoir à mes côtés le célèbre docteur Lafleur qui . . .

Et il raconte brièvement la carrière du médecin. Il s'adresse alors à celui-ci et demande:

— Docteur, voulez-vous maintenant me permettre de vous poser quelques questions?   10

— Certainement.

— Voulez-vous tout d'abord nous donner quelques détails sur l'opération elle-même?

— C'est très simple: la jambe était coupée à la hauteur du genou. J'ai pris la partie inférieure et je l'ai 15 trempée dans un pot de goudron. Puis je l'ai remise en place en la tenant jusqu'au durcissement du goudron. Ensuite j'ai pris des bandes de toile, également imbibées de goudron, et je les ai enroulées autour de l'endroit coupé.   20

Le reporter s'écrie:

— Vraiment extraordinaire. Et vous dites que l'homme marche comme avant?

— Exactement.

— Avez-vous endormi le patient pendant l'opéra- 25 tion?

— Certainement pas. Pourquoi faire?

— Mais il a dû souffrir terriblement!

— Souffrir? Mais non, puisque c'était une jambe de bois!   30

Repas à bon compte

Personnages:

Le commandant Browne
La caissière du restaurant
Le maître d'hôtel

Le commandant Browne habite à New-York. Il est très riche et possède un bel appartement Park Avenue. Tous les dimanches, il a l'habitude d'aller manger dans un grand restaurant de la 57ème rue.
5 Invariablement, il entre et dit:

— Comment allez-vous, madame la caissière?

Celle-ci répond:

— Parfaitement, monsieur, et vous?

— Pas trop mal... Toujours l'estomac.... En-
10 voyez-moi le maître d'hôtel.

Et il va s'asseoir, toujours à la même table. Quelques instants plus tard, le maître d'hôtel s'avance:

— Monsieur désire?

— Vous le savez bien. Je veux déjeuner. Ou plutôt,
15 je veux essayer de déjeuner. On mange si mal dans votre maison!

Une serveuse apporte le menu. Le commandant Browne le lit distraitement et finit par dire avec dédain:
20 — Impossible d'avoir un repas convenable ici. Apportez ce que vous avez de moins mauvais.

Cinq minutes s'écoulent. La serveuse reparaît portant une escalope soigneusement apprêtée et la présente au commandant. Celui-ci se penche sur l'assiette, retourne le morceau de viande du bout de sa fourchette et finit par s'exclamer: 5

— C'est toujours pareil. On me sert une escalope aussi dure qu'une semelle de chaussures. Je ne remettrai plus les pieds dans ce restaurant. Adieu, et je ne vous laisse pas de pourboire!

Tous les clients regardent avec stupéfaction. Le 10 commandant frappe du poing sur la table, renverse une bouteille, se lève fort dignement, prend sa canne et son chapeau et se dirige vers la sortie.

A la caisse, il dit à très haute voix:

— Combien vous dois-je pour cet infâme déjeuner? 15

La caissière répond en souriant:

— Quatre dollars, commandant, comme d'habitude. Plus cinquante cents pour la bouteille.

Et, comme d'habitude, le commandant Browne jette un billet de cinq dollars sur le comptoir et part 20 en claquant la porte.

Cette comédie se renouvelle tous les dimanches. Le commandant Browne est un excellent client, bien sûr ... Mais à cause de lui beaucoup de consommateurs ne reviennent pas. Aussi le directeur du res- 25 taurant décide-t-il de lui jouer un bon tour.

Un mois a passé. Ce dimanche-là, le commandant est particulièrement furieux. Au moment de payer, il profère des menaces envers la caissière:

— Quatre dollars pour ne rien manger, c'est inadmissible!

A sa grande surprise, l'employée réplique:

—Naturellement, commandant. Aussi gardez votre argent. De plus le directeur m'a prié de vous remettre cette enveloppe et vous invite à venir manger ici dimanche prochain, à ses frais.

Toujours maugréant, M. Browne prend l'enveloppe, rentre chez lui, l'ouvre et y trouve un billet de cent dollars et une note: «Avec les compliments du restaurant X . . .»

Le dimanche suivant, le commandant, fort curieux, décide de retourner au restaurant pour éclaircir ce mystère. Dès son arrivée, le maître d'hôtel, plus serviable que jamais, le dirige vers sa table coutumière et le fait servir avec diligence. A la fin du repas, il demande:

—Monsieur le commandant a-t-il bien déjeuné?

Celui-ci répond:

— Très mal . . . Plus mal que jamais . . . Mais au moins cette fois-ci, c'est gratuit.

La caissière s'avance:

— Naturellement, mon commandant. Voici même un nouveau cadeau de la Direction.

Et elle lui tend une nouvelle enveloppe.

Quand il l'ouvre, chez lui, il s'aperçoit avec surprise qu'elle contient un chèque de cinq cents dollars!

— Tiens, tiens! Comme c'est étrange, se dit-il. Je veux avoir une explication dimanche prochain.

La même scène se reproduit ce jour-là. Mais, au moment où le commandant s'apprête à sortir sans payer, la caissière l'appelle et lui crie:

— S'il vous plaît, commandant. Votre addition s'élève à quatre dollars . . .   5

M. Browne, mécontent et interdit, s'étonne:

— Mais il y a quinze jours, je n'ai rien payé. Au contraire, vous m'avez remis cent dollars. Pourquoi me demander quatre dollars aujourd'hui?

La caissière, toujours souriante: 10

— Tout est changé. Il y a quinze jours, c'était pour le cinéma!

— Pour le cinéma?

— Oui. Un de nos clients du dimanche, metteur en scène de cinéma, vous a remarqué dans vos accès 15 habituels de mauvaise humeur. Il a pensé que vous étiez très ridicule et que vous feriez un excellent intermède comique dans un de ses films. Il a dissimulé une camera derrière une porte et vous a filmé.

Le commandant est suffoqué: 20

— Mais c'est impossible. C'est épouvantable. Tous mes amis vont me voir sur l'écran. Je suis perdu. Il faut me rendre ce film tout de suite ou je vous attaque en justice!

La caissière répond: 25

— Si vous l'exigez, voici votre film.

— Bon. Mais je veux aussi l'autre, celui de dimanche dernier.

— Je regrette. Il n'y en a pas d'autre.

— Comment? Mais alors, ces cinq cents dollars?   30

— C'était pour la télévision!

Un Convive indésirable

PERSONNAGES:

Alfred de Musset, *poète*
Monsieur d'Étiolles, *Académicien*
Madame d'Étiolles, *sa femme*
Un domestique
[Le chien]

LE GRAND POÈTE Alfred de Musset était candidat à l'Académie française. Pour être élu, il devait rendre visite à chacun des Académiciens et leur demander de voter en sa faveur.

5 Un jour, il arrive chez un membre important de l'Académie, monsieur d'Étiolles, qui habite un château dans la banlieue de Paris. Il sonne à la porte du parc. Un domestique lui ouvre. Musset demande:

— J'ai un rendez-vous avec monsieur d'Étiolles.
10 Où puis-je le voir?

Le domestique répond:

— Monsieur vous recevra dans le petit salon. Voulez-vous me suivre?

Tout en se dirigeant vers la maison, Alfred de
15 Musset remarque, dans le parc, un pauvre chien, affreux, maigre, pelé, un vrai chien de mendiant.

Alfred de Musset se dit:

— Ce monsieur d'Étiolles n'a pas bon goût dans le choix de ses animaux favoris!

20 Le chien, trouvant le poète aimable, se met à le suivre jusqu'au salon, malgré ses efforts pour l'éloigner.

Monsieur d'Étiolles accueille très cordialement son
hôte:

— Bonjour, monsieur de Musset. Je suis très
heureux de vous voir.

5   Musset répond:

— Et moi très honoré.

Quant au chien, il a sauté d'un bond sur le plus
beau fauteuil et s'y est installé confortablement à la
grande surprise de monsieur d'Étiolles, qui pense:

10   — Ce poète est peut-être très grand et très distingué, mais il a un compagnon déplorable. Et quel sans-
gêne!

Cependant, l'Académicien, toujours poli, continue:

— Monsieur de Musset, je connais vos œuvres que
15 j'admire. Voulez-vous accepter de dîner avec nous?

— Certainement, monsieur, je vous en remercie,
répond le poète.

A cet instant, madame d'Étiolles entre. Son mari
lui présente le jeune invité et dit:

20   — Monsieur de Musset restera pour le dîner.

A ce mot «dîner», le chien lève l'oreille et aboie.

Madame d'Étiolles le regarde avec stupéfaction, et
un peu de dégoût. Comme son mari, elle pense que le
chien appartient au poète: aussi ordonne-t-elle au
25 domestique:

— Préparez une pâtée pour le chien.

On passe à table. L'animal vient se frotter contre la
maîtresse de maison qui frémit d'horreur, mais dit en
souriant:

30   — Quel gentil compagnon, n'est-ce pas?

Musset sourit également:

— Tout à fait charmant, madame.

Quant au charmant animal, il pose les pattes sur la table, aboie, vient manger jusque dans les assiettes des dîneurs. Monsieur d'Étiolles a la nausée, mais il est d'une politesse parfaite:

— Ce chien semble très affamé, dit-il.

Musset se dit:

— Si je veux avoir la voix de mon hôte à l'Académie, il faut supporter cette horrible bête.

Et il déclare tout haut:

— En effet, il mange d'un excellent appétit.

A cet instant, le chien saute sur la table et renverse un magnifique vase qui se brise en mille miettes.

Tout le monde est consterné. On se précipite pour ramasser les morceaux. Musset dit alors:

— Vous avez là un chien qui vous coûte cher!

Madame d'Étiolles sursaute:

— Comment? Mais ce chien n'a jamais été à nous!

Musset dit:

— Pas à moi non plus, madame, croyez-moi.

L'Académicien éclate de rire:

— Excusez-moi de notre méprise, monsieur. Cet animal n'est ni à vous, ni à nous. Vous avez de la chance: malgré toute votre poésie, je ne pourrais jamais voter pour le maître d'un si horrible chien!

Quant au pauvre chien, il n'a jamais compris pourquoi tous ces gens si aimables au début du repas l'ont fait ensuite chasser de la maison à grands coups de pied!

La Femme muette

PERSONNAGES:
Monsieur Colas
Madame Colas, *sa femme*
Le docteur
L'ami de Monsieur Colas

MONSIEUR COLAS est un homme très riche. Il vient d'épouser une jeune fille qui habite dans la même ville. Elle est très jolie, car elle a les yeux bleus et les cheveux blonds. Elle est presque parfaite; elle a un
5 seul défaut: elle ne peut pas parler.

Monsieur Colas est très ennuyé: quand il parle à sa femme, elle répond par signes. Il est très difficile d'avoir de longues conversations par signes. Un jour, il rencontre dans la rue un de ses amis. Il lui dit:

10 — Bonjour, mon ami. Comment vas-tu?

L'ami lui répond:

— Je vais très bien. Et toi?

Monsieur Colas reprend:

— Moi, je vais très bien. Mais tu connais ma
15 pauvre femme. Elle ne peut toujours pas parler.

L'ami est très gentil. Il veut essayer de l'aider:

— Je connais un médecin étranger qui vient d'arriver en ville: il est très célèbre. Il fait des cures étonnantes: hier, il a guéri une femme qui est tombée
20 du toit de sa maison. Elle était morte et il l'a ressuscitée! Il peut sans doute guérir aussi ta femme.

Monsieur Colas remercie son ami. Il est très content. Il rentre chez lui et téléphone au fameux médecin, qui promet de venir voir la femme de monsieur Colas, dès le lendemain.

Il arrive au jour dit juste avant le déjeuner. 5
Monsieur Colas lui présente sa femme. Le médecin la regarde, lui fait ouvrir la bouche, tirer la langue. Il écoute sa respiration, lui tâte le pouls, puis réfléchit. Au bout d'un quart d'heure, il se tourne vers monsieur Colas et lui dit: 10

— Monsieur, votre femme ne peut pas parler parce qu'elle est muette!

— Bien sûr, répond monsieur Colas. Mais je veux savoir pourquoi ma femme est muette. Je veux aussi savoir si vous pouvez la guérir. 15

Le médecin demande:

— Avez-vous beaucoup d'argent?

Monsieur Colas hésite, puis se décide:

— Oui, assez.

Le médecin est très content. Il dit: 20

— Puisque vous pouvez me donner beaucoup d'argent, je vais guérir votre femme. Donnez-lui du pain trempé dans du vin et du fromage de Gruyère. C'est un mélange qui fait parler les perroquets. Cela fera parler votre femme. Quand je reviendrai demain 25 matin, elle parlera très bien.

Monsieur Colas remercie le médecin et va acheter beaucoup de pain, de vin et de fromage de Gruyère et dit à sa femme d'en manger. Le remède est très efficace. Quand le médecin revient le lendemain, madame Colas parle très facilement. Elle dit au médecin:

— Je suis très contente d'être guérie. Mon mari va vous payer.

5　Et le médecin s'en va.

Quelques semaines plus tard, il est très surpris de recevoir un coup de téléphone de monsieur Colas. Il lui demande:

— Qu'est-ce qui ne va pas? Êtes-vous malade?

10　Monsieur Colas répond:

— Non, docteur, je vais très bien. Mais ma femme...

— Comment, demande le médecin avec étonnement, madame Colas est redevenue muette?

Monsieur Colas soupire et dit:

15　— Hélas non! Au contraire! Maintenant elle parle toute la journée depuis le matin très tôt jusqu'au soir très tard. Elle ne m'écoute plus, elle parle quand je travaille, elle parle quand je mange, elle parle quand je dors. Il est impossible de l'arrêter. Je deviens fou.

20　Docteur, aidez-moi. Rendez ma femme de nouveau muette!

Le médecin réplique vivement:

— Non, monsieur Colas, je ne peux pas rendre votre femme muette sans son accord. Mais si vous voulez

25　vraiment ne plus entendre votre femme, je peux faire quelque chose pour vous.

— Quoi? demande monsieur Colas, plein d'espoir.

— Je peux vous rendre sourd.

Monsieur Colas n'aime pas beaucoup cette idée, et

demande quelques jours avant de prendre une
décision. Un jour, enfin, il vient voir le médecin et lui
dit:

— Je ne peux plus supporter ce supplice. Rendez-
5 moi sourd, docteur. Je jouirai ainsi d'un silence parfait
quand ma femme parlera, criera ou se mettra en
colère. Mais ne vais-je pas souffrir?

Le médecin rit et répond:

— Pas du tout. Prenez ces petites pilules bleues.
10 C'est tout.

Monsieur Colas obéit. L'effet est immédiat. Il devient sourd peu à peu.

Quand il rentre chez lui, le soir, sa femme l'attend
devant la porte. Elle lui demande où il a passé la
15 journée. Naturellement, monsieur Colas ne répond
pas. Elle continue à crier de plus en plus fort. Monsieur
Colas va tranquillement se coucher. Sa femme frappe
à la porte. Monsieur Colas s'endort en paix et sourit
dans ses rêves. Et depuis ce moment-là, il vit heureux
20 avec sa femme, qui continue à parler . . .

D'après la Farce

L'Apprenti Détective

PERSONNAGES:
Michel
Le Brigadier de gendarmerie
Gustave
[Jules]
[André]

MICHEL est écolier. Il va au lycée à Paris. Mais, pour l'instant, il est en vacances chez son oncle, dans les Vosges. La maison de l'oncle de Michel est bâtie dans un petit village sur une colline, au milieu des sapins.   5

Michel aime beaucoup les romans policiers. Souvent, au lieu de faire ses devoirs, il passe des heures à lire des aventures de voleurs et de criminels. Aussi, il s'imagine voir des malfaiteurs et des cambrioleurs partout.   10

Cette nuit, il dort dans son lit. Les portes de la maison sont fermées mais les fenêtres de sa chambre sont ouvertes. Elles donnent sur la campagne et le bois. Vers minuit, il se réveille, car il a entendu un bruit bizarre venant de l'extérieur. Michel est 15 courageux: comme il l'a lu dans les romans policiers, il se lève sans bruit et sans lumière et s'approche doucement de la fenêtre. Et que voit-il? Sur le chemin qui passe devant la maison, il y a trois hommes qui marchent l'un derrière l'autre avec précaution.

Michel regarde attentivement:

Le premier de ces hommes tient à la main une
5 lampe électrique et l'allume brusquement à inter-valles irréguliers en appuyant sur le bouton. On voit des lueurs brèves et soudaines.

Le second porte un gros tambour. Il tape sur ce tambour avec des baguettes. Il produit ainsi le bruit
10 étrange que Michel entendait de son lit.

Quant au troisième, il arrose l'herbe et les cailloux, sur le bord du chemin, avec un énorme arrosoir.

Michel est stupéfait. Il ne comprend pas ce qui se passe et soupçonne ces trois hommes de comploter
15 quelque mauvaise action. Il s'habille vite, descend l'escalier et, en silence, ouvre la porte de la maison. En rasant les murs, il court jusqu'à la gendarmerie du village. Il sonne. Le brigadier de gendarmerie vient ouvrir. Michel dit:

20   — Bonjour, monsieur le gendarme.

— Bonne nuit, plutôt, répond le brigadier. Qu'est-ce qu'il y a?

— Il y a trois voleurs devant la maison de mon oncle.

25   — Ha, ha! dit le brigadier. Et que font-ils?

Michel explique:

— Le premier a une lampe électrique. Le deuxième porte un tambour et des baguettes et le troisième un gros arrosoir. Ils marchent sur la pointe des pieds.

Le gendarme s'exclame:

— Étrange, très étrange! Allons voir.

Il prend un énorme pistolet. Doucement, il suit
Michel jusqu'à la maison de son oncle. Ils entrent,
5 montent jusqu'à la chambre de Michel. De la fenêtre,
on peut voir les éclats de la lampe électrique, au loin,
sur le chemin et on entend le roulement sourd du
tambour. Le brigadier prend son pistolet à la main.
Michel est très fier. Il se croit un grand détective.
10 Tous deux partent à la poursuite des malfaiteurs.

Quand il arrive derrière le troisième homme, le
brigadier crie:

— Haut les mains!

Le troisième homme se retourne et s'exclame:

15 — Tiens, brigadier, comment allez-vous?

Le brigadier s'écrie:

— Tiens, Gustave! Te voilà donc devenu voleur?

Gustave éclate de rire:

— Moi, voleur? Quelle bonne plaisanterie!

20 Les deux autres hommes ont entendu le bruit. Ils
se retournent et viennent rejoindre le petit groupe.
Le brigadier reconnaît Jules et André, deux autres
habitants du village. Il demande:

—Si vous n'êtes pas des voleurs, vous êtes fous. Que
25 faites-vous sur ce chemin à cette heure de la nuit, avec
une lampe électrique, un tambour et un arrosoir?

Gustave répond:

— Nous chassons les escargots.

— Les escargots? Vous vous moquez de nous?

Gustave explique:

— Pas du tout. Voilà. Vous savez que les escargots ne sortent que lorsqu'il fait un orage. Or, cette année, le temps a été très sec. Il n'a pas plu depuis de longues semaines. Aussi Jules allume et éteint sa lampe élec- 5 trique: les escargots croient que ce sont des éclairs. André, qui fait partie de la fanfare du village, exécute des roulements sur son tambour: les escargots croient que c'est le tonnerre. Et, avec mon arrosoir, je verse de l'eau sur les murs de pierre au bord du chemin, où 10 les escargots se tiennent cachés: ils croient que c'est enfin la pluie, ils sortent et je n'ai plus qu'à les ramasser.

Cette explication fait bien rire le brigadier. Et c'est ainsi que Michel a été pour toujours guéri des romans 15 policiers.

Le Chien et le cheval

PERSONNAGES:

Zadig
Un officier du roi
Un valet d'écurie
Le juge
Le président du tribunal

ZADIG est sorti ce matin pour faire une promenade dans un bois à côté de sa propriété. Il marche lentement. Il pense à des choses profondes. Mais ses yeux regardent tout autour de lui, comme ceux des chats,
5 car Zadig est observateur.

Soudain, il voit accourir vers lui un cheval monté par un officier du roi en grand uniforme. Celui-ci s'arrête devant Zadig et demande:

— N'avez-vous pas vu le chien de la reine?
10 Zadig remarque calmement:

—C'est un chien très petit, il boite du pied gauche de devant et il a des oreilles très longues.

L'officier, fort surpris, demande:

— En effet. Vous l'avez donc vu?
15 Zadig répond:

— Non, je ne l'ai jamais vu et je n'ai jamais su si la reine avait un chien.

Ce même matin, au cours de la même promenade,

le premier valet d'écurie du roi vient à la rencontre de Zadig. Il lui dit:

—J'ai laissé échapper des écuries royales le plus beau cheval du souverain. Tout le monde le cherche. Ne l'avez-vous pas vu?

Zadig sourit:

— C'est un cheval qui galope très bien, n'est-ce pas?

Le valet d'écurie s'empresse de répondre:

— En effet.

Zadig continue:

— Il a deux mètres de hauteur, il a le sabot très petit, une queue longue d'un mètre, et il porte des fers d'argent.

Le valet d'écurie se réjouit:

— C'est bien lui. Quel chemin a-t-il pris?

Mais Zadig répond:

— Je ne l'ai pas vu et je n'en ai jamais entendu parler.

L'officier du roi et le valet d'écurie sont certains que Zadig a volé le cheval et le chien. Comment les connaîtrait-il aussi bien s'il ne les avait pas en sa possession?

Aussi, ils disent à leurs gardes:

—Emmenez cet homme.

Et Zadig est conduit devant le juge de la ville voisine qui le condamne à la prison. On l'enferme. Mais le lendemain, on retrouve dans la campagne le cheval et le chien. Il faut donc remettre Zadig en liberté. Mais le juge déclare:

— Je vous condamne à une amende de 100.000 francs.

— Pourquoi? demande Zadig.

Le juge répond:

5 —Parce que vous avez menti: vous avez dit que vous n'aviez vu ni le cheval du roi ni le chien de la reine. Or, il est évident, d'après les renseignements que vous avez donnés, que vous les aviez fort bien vus.

10 Zadig veut protester:

—Mais . . .

— Il n'y a pas de *mais*, réplique le juge. Si vous voulez, vous pouvez demander à protester en cour d'appel. Mais il faut d'abord payer l'amende.

15 Zadig paye donc l'amende.

Puis, il demande à comparaître en cour d'appel. A l'audience, le président du tribunal lui dit:

— Parlez, Zadig. Défendez-vous.

Et Zadig explique:

20 — Je vous jure que je n'ai jamais vu ni le cheval du roi ni le chien de la reine. Voici ce qui m'est arrivé dans le petit bois où j'ai rencontré l'officier du roi et le valet d'écurie:

J'ai vu sur le sable les traces d'un animal: il était 25 aisé de voir que c'étaient celles d'un petit chien. D'autres traces à côté des pattes de devant m'ont prouvé que ses oreilles étaient très longues puisqu'elles touchaient à terre. Et comme j'ai remarqué que le sable était toujours moins creusé par une patte que par les

trois autres, j'ai compris que le chien de la reine était
un peu boiteux.

Le président approuve:

— C'est là un raisonnement très habile. Et le
cheval?   5

Zadig répond:

— En me promenant dans les chemins du bois, j'ai
vu des marques de fer à cheval, toutes également espacées. Je me suis dit: «Voilà un cheval qui a un galop
parfait.» Dans un petit sentier qui avait deux mètres 10
de large, la poussière des arbres était enlevée à droite
et à gauche: j'ai conclu que la queue du cheval devait
avoir un mètre, pour pouvoir balayer cette poussière.
Les feuilles des branches étaient arrachées jusqu'à
deux mètres de hauteur. Donc le cheval avait au   15
moins deux mètres de haut. Enfin, ses fers avaient
laissé sur les cailloux des traces d'argent.

— Bravo, dit le président du tribunal. Vous n'êtes
donc ni sorcier ni menteur. Vous êtes innocent et
on vous rendra vos 100.000 francs d'amende.   20

Zadig remercie le président. Mais celui-ci ajoute:

— On vous retiendra seulement 99.999 francs pour
les frais de justice. Et naturellement il faudra payer
votre avocat.

Zadig se tait mais pense en lui-même: 25

— Voilà une bonne leçon. Une autre fois je saurai
tenir ma langue et ne pas paraître trop intelligent.

Un mois après, un prisonnier d'État s'échappe de la

prison. Il passe devant les fenêtres de Zadig, qui le voit
s'enfuir. La police l'interroge. Il se garde bien de
répondre. Mais on prouve qu'il a regardé par la fenêtre
et qu'il a assisté à l'évasion du prisonnier. Le juge lui
5 dit:

— Je vous condamne à 100.000 francs d'amende.

— Pourquoi? demande Zadig.

Le juge répond:

—Parce que vous avez menti. Vous avez vu un
10 prisonnier s'enfuir et vous ne l'avez pas dit à la police.

— Qu'il est donc difficile d'être heureux en ce
monde! conclut Zadig.

D'après Voltaire

Le Corridor de la tentation

PERSONNAGES:

Nabussan, *prince du royaume*
Zadig, *conseiller du prince*
[Soixante-quatre danseurs]

NABUSSAN est un prince qui règne sur un petit état d'Asie. Il est très bon et très généreux. Il est si généreux que tous ses courtisans le volent. Le trésorier du royaume est encore plus voleur que les autres courtisans. C'est lui qui reçoit les impôts et il a l'habitude 5 de diviser les sommes d'argent qu'on lui apporte en deux parties inégales: la plus petite pour le roi et la plus grosse pour lui-même.

Le prince a souvent essayé de changer de trésorier. Mais tous ont été au moins aussi malhonnêtes. 10

Un jour, il fait venir Zadig, qui est devenu son conseiller, et qui est célèbre dans tout le royaume pour sa sagesse. Il lui dit:

— J'en ai assez. Tous mes trésoriers me volent. Je ne puis en trouver un honnête. Connais-tu un moyen 15 pour découvrir un homme aussi rare?

Zadig répond:

— Oui, Prince. Je connais un moyen infaillible.

Le prince demande:

— Lequel? 20

Et Zadig explique:

— Il faut organiser un bal à la cour suivant mes instructions. Je vous garantis que le meilleur danseur sera le meilleur trésorier.

5 Le prince s'écrie:

— Zadig, tu te moques de moi. Tu dis que l'homme qui dansera avec le plus de grâce sera le plus habile trésorier?

— Je ne dis pas le plus habile, Prince, mais à coup 10 sûr le plus honnête.

Alors le prince dit:

— Ou bien tu te moques de moi, ou bien tu es sorcier. Et je n'aime pas les sorciers!

Zadig éclate de rire:

15 — Non, Prince, je ne suis pas sorcier. Mon secret est la chose la plus simple et la plus aisée.

Le prince a confiance en la parole de Zadig. Il dit:

— Eh bien, Zadig, fais ce que tu veux.

Et Zadig fait annoncer dans tout le royaume l'avis 20 suivant: «Tous ceux qui veulent obtenir le poste de trésorier du royaume doivent se présenter samedi prochain dans la soirée au bal de la Cour, en tenue de soirée légère.»

Le samedi suivant, il y a, devant la porte du palais, 25 soixante-quatre candidats. Mais la porte de la salle de bal est fermée. Pour y entrer, il faut passer par une petite galerie assez obscure. Un huissier vient chercher chaque candidat l'un après l'autre, le conduit par le sombre couloir, où on le laisse seul pendant quelques 30 minutes. Le prince—qui connaît le secret—a exposé

tous ses trésors dans cette galerie: il y a des coffres
pleins de bijoux, de pièces d'or et d'argent, et ces
coffres ne sont pas fermés.

Quand tous les candidats sont dans la salle de bal,
la musique commence. Le prince leur dit alors de 5
valser. Tous dansent sans grâce, le dos courbé, la tête
basse.

Le prince et Zadig pensent:

— Quels fripons!

Un seul d'entre les candidats danse sans difficulté, 10
légèrement, le sourire aux lèvres.

Zadig pense:

— Quel honnête homme!

Le prince félicite le danseur et le nomme trésorier
du royaume. Il punit sévèrement les autres candidats. 15
Nabussan est un prince juste: car chacun des soixante-
trois était resté seul dans la galerie obscure pendant
quelques minutes; pendant ce temps, ils avaient rempli
toutes leurs poches de pièces d'or et de bijoux, autant
qu'ils le pouvaient, si bien qu'ils étaient à peine ca- 20
pables de marcher.

Depuis cette histoire, on appelle le couloir obscur
le «corridor de la tentation».

D'après Voltaire

Tartarin en Afrique

PERSONNAGES:

Tartarin de Tarascon
Monsieur Bombonnel, *chasseur de panthères*
Un photographe
Le conducteur de la diligence
Une demoiselle
[Une autre demoiselle]
[Un curé]

TARTARIN est un personnage légendaire célèbre dans toute la Provence. Il est rentier, assez riche et très vantard: il aime raconter des histoires fausses où il est toujours le héros. Il habite une petite ville sur les
5 bords du Rhône, appelée Tarascon.

Un jour, il est parti pour l'Afrique du Nord chasser les lions. Sur le quai de la gare de Tarascon, il a dit à ses camarades:
—Je vous enverrai des peaux de lions. Vous pourrez
10 en faire des descentes de lit.
Une fois arrivé à Alger, il a pris une vieille diligence qui le conduit vers le Sud. Là, a-t-il lu dans les livres, se trouvent les lions.
Dans la diligence, il y a un curé, deux demoiselles
15 et un photographe. Les demoiselles regardent Tartarin avec surprise, car il porte deux fusils, un couteau

et un pistolet. C'est beaucoup pour tuer les lapins, seul gibier de la région!

A l'étape suivante, la porte de la diligence s'ouvre et un petit monsieur monte timidement. Il est chauve, porte une redingote et une cravate de soie et tient à 5 la main une serviette de cuir. Il ressemble à un notaire de village.

La diligence repart. Le petit monsieur s'assied à côté de Tartarin et le regarde avec insistance. Si bien que celui-ci commence à s'irriter et dit: 10

— Pourquoi regardez-vous ainsi mes fusils, monsieur? Cela vous étonne?

Le monsieur répond:

—Non, cela me gêne.

En effet, Tartarin est très gros et, avec tout son 15 armement, occupe beaucoup de place.

Tartarin, vexé, réplique:

— Vous imaginez-vous, monsieur, que je vais aller à la chasse au lion avec votre parapluie?

Le petit monsieur sourit: 20

— Alors, monsieur, vous êtes . . .?

— Tartarin de Tarascon, chasseur de lions.

Il y a dans la diligence un mouvement de stupeur. Les demoiselles poussent de petits cris de peur. Le photographe s'approche du chasseur de lions. Il pense: 25

— Peut-être pourrai-je faire sa photographie?

Le petit monsieur, lui, ne paraît pas surpris. Il demande tranquillement:

— Est-ce que vous avez déjà tué beaucoup de lions?

Tartarin regarde le petit monsieur avec pitié: 30

—Évidemment, monsieur. J'ai tué beaucoup de lions. Je vous souhaite seulement d'avoir autant de cheveux sur la tête.

Tout le monde rit en regardant la tête chauve du petit monsieur.

Le photographe dit:

— Ce doit être un terrible métier que celui de chasseur de lions. Ainsi M. Bombonnel . . .

Tartarin dit:

— Ah oui, le célèbre chasseur de panthères . . . Il ne compte pas. C'est un petit, tout petit chasseur sans importance.

— Cependant, M. Bombonnel est célèbre dans toute l'Afrique. Il a déjà tué plus de deux cents panthères!

— Vous ne comptez pas celles qu'il a manquées. Non, croyez-moi, sa réputation est surfaite.

Une demoiselle demande:

— Vous le connaissez donc?

Tartarin hausse les épaules:

— Naturellement! Nous avons chassé plus de vingt fois ensemble.

Le petit monsieur continue à sourire:

— Vous chassez donc aussi la panthère, monsieur Tartarin?

Celui-ci fait une grimace:

— Quelquefois, pour m'amuser, mais ça ne vaut pas le lion.

Le photographe observe:

— En somme, une panthère, ce n'est qu'un gros chat.

— Tout juste, dit Tartarin.

A ce moment, la diligence s'arrête. Le conducteur vient ouvrir la porte et s'adresse respectueusement au 5 petit vieux:

— Vous voici arrivé.

Celui-ci se lève, descend, puis, avant de refermer la portière:

— Permettez-moi de vous donner un conseil, 10 monsieur Tartarin.

Tartarin demande, hautain:

— Lequel?

— Retournez vite à Tarascon. Vous perdez votre temps ici. Il reste bien encore quelques panthères. 15 Mais c'est un trop petit gibier pour vous. Quant aux lions, c'est fini, il n'y en a plus. Je viens de tuer le dernier.

Et le petit monsieur s'en va en riant, avec sa serviette et son parapluie.   20

Tartarin, stupéfait, s'écrie:

— Conducteur, quel est donc cet insolent personnage?

Et le conducteur répond:

— Comment, vous ne le connaissez pas? Mais c'est 25 monsieur Bombonnel . . .

D'après Alphonse Daudet

Le Tonneau magique

Personnages:
Maillard, *paysan*
Angélique, *sa fille*
La vieille femme
Le génie

Maillard et sa fille Angélique habitent une ferme isolée. Ce sont des paysans. Maillard est un homme cruel et brutal. Il boit beaucoup et rentre tard chez lui, le soir. Alors, il frappe sa fille qui supporte les
5 mauvais traitements avec patience et résignation. Car elle est douce et charitable.

Aujourd'hui, comme tous les soirs, elle est sortie pour aller cueillir de l'herbe pour ses lapins. La voici qui rentre, toute courbée sous le poids du sac qui
10 contient l'herbe.

Tout à coup, une forme, sur le bord du chemin, attire ses regards. Elle s'approche et distingue, dans la faible lumière du soir, le corps d'une vieille femme étendue sans connaissance.

15 Malgré sa fatigue, elle dépose son fardeau et se penche avec compassion sur l'inconnue qui semble évanouie. Pour la rappeler à elle, Angélique va mouiller son mouchoir à une source voisine et en baigne son front. La vieille femme ouvre les yeux et dit:

— Merci, douce enfant. J'étais épuisée de fatigue après une longue journée de marche et j'ai perdu connaissance. Sans toi, je serais morte de froid cette nuit.

La jeune fille répond : 5

— Relevez-vous, madame. Je vais vous aider à faire quelques pas. Je vous conduirai chez moi où vous pourrez vous reposer et partager mon repas.

Mais la vieille femme refuse :

— Non, merci, mon enfant. Je dois repartir sans 10 attendre et je vais tout à fait bien maintenant. Mais avant de te quitter, je veux récompenser ton geste secourable.

La jeune fille dit :

— Je ne veux rien accepter de vous, madame. Faites 15 seulement bonne route.

Mais la vieille femme insiste :

— Sur le seuil de ta porte, tu trouveras un tonneau. Chaque fois que tu désireras quelque chose, pose-le sur la table et prononce trois fois ces mots magiques : 20 «Stepur, stepura, stepurum.» Ton vœu sera exaucé aussitôt.

Sur ces mots, la vieille femme disparaît comme par enchantement.

Angélique, d'abord interdite, reprend son sac sur le 25 dos et, sans trop se soucier des paroles de la vieille, se dirige vers sa maison.

Sur le seuil, elle aperçoit un petit tonneau. Elle se dit :

— Tiens! la vieille femme ne s'est pas moquée de moi! Heureusement, mon père n'est pas encore rentré du café, car me voici bien en retard à présent pour préparer le repas. Il va sans doute me battre encore.
5 Après tout, pourquoi ne pas essayer le tonneau?

Elle le porte sur la table et, sans trop y croire, prononce les mots: «Stepur, stepura, stepurum!»

Aussitôt, elle voit le tonneau s'ouvrir par le milieu et une armée de petits lutins se répandre sur la table.
10 A l'intérieur du tonneau, un chef de cuisine, haut de quelques centimètres, s'occupe autour d'un fourneau minuscule, goûte des sauces et prépare un succulent menu.

Lorsque tout est terminé, les petits lutins rega-
15 gnent vivement leur abri, qui se referme aussitôt, pendant que les plats minuscules augmentent tout à coup de volume jusqu'à devenir de magnifiques pièces de gibier, des poissons, des volailles . . .

La porte de la maison s'ouvre brusquement, livrant
20 passage à Maillard, plus ivre que jamais.

Il reste stupéfait à la vue de la table chargée et dit:

— Angélique, qu'est-ce que cela signifie?

La jeune fille répond en tremblant:

— Calmez-vous, père. C'est un secret. Je vous
25 dirai plus tard. Mangez d'abord.

Le père dit:

— Tu as raison. Nous verrons après. Mangeons et buvons d'abord.

Tous deux se mettent à table et mangent de bon

appétit. Maillard n'arrête pas de boire. A la fin du repas, il saisit un bâton et se précipite sur sa fille. Il hurle:

— Maintenant, explique.

5 Angélique se met à pleurer:

— Ne me frappez pas, père, je vous prie.

Mais Maillard commence à la battre très fort.

Angélique dit alors:

— Une vieille femme m'a donné ce tonneau. Nous 10 pouvons obtenir par lui tout ce que nous désirons. Il suffit de le mettre sur la table et de répéter: «Stepur, stepura, stepurum. »

Maillard s'écrie:

— Merveilleux! Il fallait le dire plus tôt. Nous 15 allons demander de l'or, beaucoup d'or. Nous serons riches. Mais attention! Il faut te taire . . . Si j'apprends que tu as parlé de ce tonneau à quelqu'un, je te brise les os avec ce bâton . . .

Et il prend le tonneau entre ses bras, l'apporte sur 20 la table et prononce: «Stepur, stepura, stepurum. »

On voit alors un filet de fumée noire s'élever vers le plafond de la pièce. Mince d'abord, il s'épaissit de plus en plus. Et cette fumée se concentre au-dessus du tonneau en gros nuages noirs qui prennent peu à 25 peu forme humaine. On distingue enfin un géant armé d'un bâton qui se met à pourchasser Maillard dans tous les coins de la pièce, où celui-ci essaie de se dissimuler. Toutes les supplications d'Angélique sont vaines.

30 Et quand Maillard est enfin allongé sur le sol, le géant s'adresse à lui d'une voix de tonnerre:

— Ceci a été la punition que tu as bien méritée. Ce tonneau servira au bonheur de ta fille et de ta fille seule, jusqu'au jour où, ayant cessé de boire, tu seras devenu bon et charitable comme elle.

Et le géant de fumée rentre dans le tonneau comme 5 il en est sorti.

Le Pont du diable

PERSONNAGES :
Le maire de Pont-sur-Arves
L'adjoint au maire
Le premier conseiller municipal
Le deuxième conseiller municipal
Le troisième conseiller municipal
Maître Jean, *architecte*
Le diable

LE CONSEIL municipal de la petite ville alpine de Pont-sur-Arves tient sa réunion à l'hôtel de ville. Le maire ouvre la séance :

— Messieurs, j'ai une communication importante
5 à vous faire. Comme vous le savez, maître Jean, l'architecte de la ville, a entrepris, il y a plusieurs années déjà, de construire un pont sur l'Arves. Pour des raisons mystérieuses, ce pont a été détruit trois fois au moment même où il allait être achevé. Maître
10 Jean demande aujourd'hui deux millions de francs pour terminer cet ouvrage.

Un conseiller municipal se lève aussitôt et déclare :

— Je m'oppose à toute nouvelle dépense. Maître Jean a déjà gaspillé trop d'argent et ce pont nous
15 coûte trop cher.

Un autre conseiller intervient :

— D'ailleurs ces destructions répétées sont mystérieuses. Il y a quelque chose de louche là-dessous. Êtes-vous sûr de l'honnêteté de maître Jean?

Le maire répond:

— Autant que de la mienne.

Tout le monde rit. Le maire ne comprend pas pour- 5 quoi.

Il continue:

— N'oubliez pas que la construction de ce pont est difficile. La gorge est très abrupte et profonde. Deux ouvriers sont déjà morts noyés dans le torrent qui 10 coule au fond.

L'adjoint au maire approuve. Il dit:

— De plus, c'est la seule route pour aller à la ville voisine. Actuellement, il faut faire un détour de vingt kilomètres pour y parvenir. 15

Mais un autre conseiller se lève et proteste:

— Nous ne pouvons pas gaspiller ainsi l'argent de la ville. Je propose d'arrêter les travaux.

L'adjoint au maire dit:

— J'ai une solution plus sage. Envoyons à maître 20 Jean une lettre: «*Vous trouverez ci-joint les deux millions demandés. Mais vous vous engagez en les acceptant à terminer le pont pour la Noël prochaine. Si ce travail n'est pas achevé à cette date, vous serez condamné à trente ans de prison.*» 25

Le maire dit:

— Je demande à ceux qui sont en faveur de cette proposition de lever la main.

Tous les conseillers présents lèvent la main.

Quand maître Jean trouve la lettre dans le courrier du lendemain, il est fort perplexe. En effet, il ne sait comment expliquer tous ces accidents qui empêchent la construction du pont. Ne vont-ils pas se renouveler
5 cette fois encore? De plus, il n'a nulle envie d'aller en prison. Il décide que la meilleure solution est de quitter la ville en cachette et il se prépare à partir.

A cet instant, un bruit étrange dans la cheminée le
10 fait retourner. Il voit un petit être tout rouge qui le regarde en ricanant: il est cornu, pourvu d'une longue queue et tient à la main un trident. Une épaisse fumée de soufre l'environne. On ne peut s'y tromper: c'est le diable en personne.

15   — Bonjour, maître Jean, dit-il.

Maître Jean n'est pas rassuré. Il répond timidement:

— Bonsoir, Messire Satan. Que voulez-vous de moi?

Le diable rit de nouveau, puis déclare:

— Je sais que tu as des ennuis. Je veux te venir en
20 aide.

L'architecte tremble:

— En quoi pouvez-vous m'aider?

Le diable saisit un charbon ardent dans la cheminée, souffle dessus: aussitôt, il se transforme en un magni-
25 fique diamant. Et le diable conclut:

— Ne penses-tu pas qu'avec mon pouvoir, je suis capable de t'aider?

Maître Jean demande:

— Que me proposez-vous?

30   Le diable étend le bras: un rouleau de parchemin

apparaît dans sa main. Il le déroule et le met sous les yeux de maître Jean:

— Voici mon contrat. Je construirai pour toi, avant la Noël, un pont sur l'Arves, si solide qu'il durera des siècles. En échange, tu m'abandonneras la première âme vivante qui franchira ce pont. Si tu acceptes, signe ici avec ton sang.

Maître Jean réfléchit quelques minutes, profondément. Enfin, il se décide:

— Eh bien! d'accord, Messire Satan. Je vais signer votre contrat.

Il prend la plume d'oie que lui tend le diable, et signe le contrat.

Le diable s'empare du parchemin, se précipite vers la cheminée et s'écrie:

— N'oublie pas, Maître Jean: la première âme vivante. A la Noël! Et attention, on ne trompe pas le diable!

Et il disparaît dans une odeur de roussi.

Plusieurs mois se sont écoulés. Nous sommes au jour de Noël: le maire, l'adjoint et toute la population de Pont-sur-Arves sont rassemblés sur la place d'où part le pont. Celui-ci, neuf et solide, enjambe audacieusement la rivière.

Le maire vient de finir son discours. Il félicite l'architecte:

— Maître Jean, votre pont est tout à fait remarquable. Vous avez tenu votre engagement. Au nom des habitants de Pont-sur-Arves, je vous remercie.

La foule applaudit vivement. Mais maître Jean est inquiet. Car il a vu, sur l'autre rive, un être solitaire qu'il reconnaît bien : c'est le diable qui attend patiemment la première âme qui passera le pont.

Voici maintenant que le maire s'avance, suivi des 5 notables de la ville, pour couper le ruban et franchir le pont le premier. La fanfare municipale joue. Le maire va-t-il être la victime?

Mais une voix retentit:

— Un instant, Monsieur le maire! 10

C'est maître Jean qui vient d'entrer dans une maison voisine et en ressort, portant sur son dos un gros sac. Il se dirige vers l'entrée du pont, pose son sac à terre, l'ouvre . . .

Il en sort un cochon, qui, effrayé par les cris de la 15 foule, s'enfuit vers le pont qu'il franchit à toute allure.

Pendant que maître Jean, s'adressant au diable, lui crie:

— Eh bien! Messire Satan. Qu'attendez-vous? Voici votre âme qui se sauve! 20

Le Secret de Maître Cornille

PERSONNAGES:

Maître Cornille, *meunier*
[Vivette, *fille de maître Cornille*]
[Félicien, *fiancé de Vivette*]

NOUS SOMMES en Provence, vers 1830. Il y a dans cette région de nombreuses collines, arides, brûlées de soleil, où souffle sans cesse un vent du nord, très fort, appelé le mistral.

5 Pour utiliser la force de ce vent, on a bâti, il y a bien longtemps, des moulins à vent au sommet de ces collines. Et leurs ailes tournent jour et nuit pour moudre le bon blé qui vient de la plaine.

Le matin et le soir, quand il fait frais, on voit des
10 files de petits ânes, chargés de gros sacs de blé, escalader les chemins qui mènent aux moulins. Tout le monde est très heureux: les ailes tournent, la farine coule dans les sacs et l'argent dans les poches des meuniers.

15 Le plus riche meunier du pays s'appelle maître Cornille. Son moulin est le plus beau et le moins paresseux. De plus, il a une charmante fille, Vivette, qui est fiancée à Félicien, le fils d'un voisin. Tout le monde sait que la dot de Vivette sera considérable.

20 Mais hélas! Même dans la tranquille Provence, le progrès est venu tout bouleverser.

Dans la vallée, au bord du Rhône, des gens de Paris viennent de construire une minoterie à vapeur. C'est une belle usine, qui moud le blé bien plus vite que les moulins à vent. Aussi, peu à peu, les paysans
5 y portent leur blé. Et, une à une, les ailes des moulins, là-haut sur les collines, se sont arrêtées et les moulins commencent à tomber en ruines.

Seul, celui de maître Cornille continue à tourner vaillamment. L'âne gris descend encore tous les
10 matins et remonte tous les soirs le petit chemin de pierres. En apparence, rien n'a changé.

Mais tout le monde dans le pays parle de maître Cornille. Car, depuis l'installation de la minoterie, le meunier est tout différent. Il a d'abord été furieux:
15 il insultait tout le monde. Il disait aux paysans:

— Attention! Ils vont vous empoisonner avec leur mécanique. Croyez-moi, rien ne vaut le bon vent du bon Dieu pour moudre le bon blé du bon Dieu!

Ensuite, il a renvoyé Vivette de chez lui, sans raison.
20 Elle doit maintenant travailler dans une ferme, pour vivre. De plus, maître Cornille lui refuse la permission d'épouser Félicien. Les deux amoureux sont très tristes. Et le meunier vit seul dans son moulin. Il n'ouvre jamais sa porte. Quand on le croise dans la
25 rue du village, il est sale, mal habillé. Il ne parle à personne.

Et cependant les ailes du moulin continuent à tourner comme par le passé: on dirait qu'elles se moquent de la minoterie. Le soir, on rencontre par
30 les chemins le vieux meunier poussant devant lui son

âne chargé de gros sacs de farine. Cela sent le
mystère . . .

Un jour, Vivette et Félicien décident d'aller faire
une visite à maître Cornille pour essayer de l'attendrir. Ils arrivent au moulin. Maître Cornille vient de 5
sortir. La porte est fermée à clef, mais la fenêtre est
ouverte au premier étage et il y a une échelle contre
le mur. Les deux jeunes gens sont curieux: ils veulent
voir ce qu'il y a à l'intérieur. Ils grimpent les degrés
de l'échelle et y jettent un coup d'œil: le moulin est 10
vide, pas un sac, pas un grain de blé. Pas même
l'odeur chaude de la farine fraîchement moulue. Dans
un coin, on peut voir un mauvais lit, quelques vêtements, un morceau de pain et trois ou quatre sacs
crevés d'où coulent des gravats.   15
    C'était là le secret de maître Cornille. Il promenait
ses sacs de terre tous les jours sur les routes pour
sauver l'honneur du moulin et faire croire qu'on y
faisait de la farine. Les ailes tournaient toujours, mais
la meule n'écrasait pas de blé.   20

Mais, comme en France tout finit toujours par des
chansons, notre histoire se termine bien: les amis de
maître Cornille lui ont apporté beaucoup de sacs de
vrai blé à moudre, le bonheur et l'argent sont revenus
chez le meunier et, un beau matin, Vivette et Félicien 25
se sont mariés sous les ailes joyeuses du moulin.

D'après Alphonse Daudet

EXERCICES

Mieux que ça

A. *Répondez en français par des phrases complètes aux questions suivantes:*
1. Quels sont les personnages de ce récit? 2. De qui est accompagné l'Empereur? 3. Pourquoi le piéton demande-t-il une place à côté du conducteur? 4. D'où vient-il? 5. Qu'ont-ils fait ensemble, lui et son ami? 6. Que fait l'Empereur enfin, puisqu'il ne peut pas deviner ce qu'ils ont mangé? 7. Quelle est la réponse du soldat? 8. Quelle question pose-t-il à son tour à son bienfaiteur? 9. Que répond l'Empereur? 10. Comment le soldat apprend-il qui est celui qui conduit? 11. Que lui demande-t-il de faire? 12. Que fait l'Empereur pour le punir d'avoir tué le faisan?

B. 1. *Mettez à la première personne du singulier:* il est accompagné d'un domestique; il reprend; le piéton fait signe au conducteur; il s'arrête; le soldat éclate de rire et il dit; il ne sait où se cacher; il conduit lui-même.

2. *Donnez la forme de l'article défini convenable:* empereur, environs, carrosse, place, promenade, chemin, fois, ami, amie, ville, village, bonté, capitaine, généraux, grade, décorations, excuses, pitié, supplice, porte.

3. *Donnez le pluriel de:* l'empereur, le domestique, la voiture, monsieur, la première fois, le veau, le chat, l'instant, le général, le faisan.

C. *Traduisez en français:*
Emperor Joseph, accompanied by a single servant without livery, is driving his carriage himself. He often does so (=*le*), for he has simple tastes (=*goûts*). This time, as it begins to rain, a pedestrian asks him for a seat beside him, without knowing he is speaking to the Emperor. He is a

sergeant, and is coming from a friend's house. They have had an excellent lunch there. When Joseph asks him what (= *ce que*) he has eaten [that was] so good, the sergeant tells him to guess. Each time that he guesses, the sergeant says "Better than that". Finally, he says that he has had a pheasant, killed on His Majesty's preserves.

He asks the name of this gentleman, who has been so kind. The Emperor tells him to guess in his turn. The sergeant sees that he is a soldier, and begins to guess his rank. Each time, Joseph says "Better than that". The sergeant finally understands that he is seated beside the Emperor. He begs him to let him out from (= *descendre de*) the carriage, but, to punish him for having killed his pheasant, the Emperor accompanies him to his door.

Un jeu stupide

A. *Répondez en français par des phrases complètes aux questions suivantes:*

1. Quelle est la destination du paquebot? 2. Quel temps fait-il? 3. Qui se trouve parmi les passagers, et d'où revient ce monsieur? 4. Quels sont les principaux personnages de ce récit? 5. Que propose un de ceux-ci à l'autre? 6. Quel est le plus grand défaut du perroquet? 7. Que pense-t-il du jeu? 8. Comment commence le jeu qu'il propose à son tour? 9. Qu'est-ce qu'il promet après? 10. Quand le singe ferme les yeux et commence à compter, qu'arrive-t-il? 11. Où sont-ils, lui et le perroquet, le lendemain matin? 12. Quelle est, dans l'esprit du singe, la raison du naufrage du bateau?

B. 1. *Mettez à la troisième personne du singulier:* nous allons jouer; tu vas fermer les yeux; je me cacherai; si tu me trouves, tu auras gagné; tu es trop bête; tu verras; tu en as.

2. *Remplacez chaque nom par un pronom personnel:* le temps est mauvais; le marchand emmène avec lui sa femme; il a aussi ses animaux; ils trouvent le voyage très long; tu

vas fermer les yeux; le perroquet ferme les yeux; il ferme la porte; quel est ce jeu?

3. *Donnez la forme négative de:* on est en hiver; sors de ta cage; nous allons jouer; est-ce un jeu fatigant?; je me cacherai; va te cacher; il a de la difficulté à le trouver; il lui dit; je t'écoute; commençons comme tout à l'heure; il ferme les yeux; un incendie se déclare.

C. *Traduisez en français:*

A parrot and a monkey, taken to Europe by their master, find the voyage very long. One day, the monkey tells the parrot to come out of his cage, to close his eyes, and count to ten. The monkey will hide, and, if the parrot finds him, he will have won. The parrot has no difficulty in finding him, and says he is going to teach him another game. They will begin in (=*de*) the same manner, and then there will be a big surprise. As the monkey begins to count, the liner collides with an iceberg and sinks in a few minutes.

The next day, the parrot is floating on a piece of wreckage and shivering with cold. The poor monkey, in the icy water, says to him:"Well, that is *really* a stupid game!"

Nous savons . . .

A. *Répondez en français par des phrases complètes aux questions suivantes:*

1. Pourquoi les avions des pays en guerre n'avaient-ils pas le droit de survoler la Suisse? 2. Que pensez-vous de la neutralité de ce dernier pays? 3. Pourquoi l'avion anglais est-il allé en Italie? 4. Vers quelle ville se dirige-t-il actuellement? 5. Pourquoi le pilote décide-t-il de passer au-dessus de la Suisse? 6. De la part de qui le radio reçoit-il, bientôt après, un télégramme? 7. Quel avis y donne-t-on? 8. Quelle réponse le pilote dit-il au radio de faire? 9. Où éclatent les obus suisses? 10. Qu'est-ce qui sauve, croient-ils, les Anglais? 11. Que dit le pilote au commandement suisse dans le

dernier télégramme qu'il dicte au radio? 12. Quelle réponse des Suisses montre qu'ils sont favorables aux Alliés?

B. 1. *Employez l'article partitif:* les avions, les Alliés, le temps, le brouillard, les minutes, la voix, les voix, le papier, la route, les nuages, les canons, les obus.

2. *Faites des phrases avec:* malgré, partir de, au-dessus de, beaucoup de, à la main, de la part de, venir de (+*inf.*), tout à coup, au-dessous de, heureusement, c'est-à-dire, trop, au contraire, de nouveau.

3. *Divisez en syllabes:* neutre, favorable, revenir, mécanicien, direction, alors, savons, venez, tout à coup, petits.

C. *Traduisez en français:*

Everybody knows that Switzerland was a neutral country during the last war, but that she was favourable to the Allies.

One day, the pilot of an English plane decides, because of (*see* cause *in the vocabulary*) the bad weather, to fly over Switzerland. He at once receives, from the Swiss command, a radiogram saying (=*qui dit*) that is forbidden. He answers that he knows it, and continues his route. The Swiss reply that they have the order to fire on the plane if it doesn't leave Switzerland immediately. The pilot says he knows that too.

Suddenly he sees little black clouds in the sky. They are the Swiss shells. Fortunately, they are well (=*bien*) below the plane. When he crosses the French frontier, the pilot sends a last radiogram to the Swiss. He says that their gunners fire very badly, and they answer: "We know it."

Le Chat, la Belette et le petit Lapin

A. *Répondez aux questions suivantes:*

1. Pourquoi la belette s'empare-t-elle du terrier de Jeannot? 2. A qui, dit-elle, sera ce terrier désormais?

3. Qu'est-ce que le lapin menace de faire, si elle ne sort pas tout de suite? 4. Pourquoi croit-il que le terrier lui appartient à lui, plutôt qu'à Sidonie? 5. Qui dira, d'après celle-ci, lequel des deux a raison dans son interprétation de la loi? 6. Que fait Raminagrobis au moment où on s'adresse à lui? 7. Qu'est-ce qu'il dit? 8. Que font la belette et le lapin? 9. Pourquoi viennent-ils si près du juge? 10. Comment les met-il d'accord? 11. Quelle est la moralité de cette fable? 12. Qui est La Fontaine?

B. 1. *Remplacez le tiret par l'article partitif:* la belette et le lapin sont ———— animaux; il est allé manger ———— herbe; il y a là ———— rosée; il y a ———— gens qui entrent chez les autres pendant leur absence; Raminagrobis a ———— sagesse; devant sa porte il y a ——— soleil; avec ——— aide, ils cesseront de se disputer; les chats ont ———— moustaches et ———— pattes; il y a ———— plaideurs qui apprennent trop tard.

2. *Trouvez le mot qui correspond à la description suivante:* une petite bête à quatre pattes qui a de longues oreilles et qui aime à manger l'herbe; une cavité dans la terre où habitent certains animaux; l'état de celui qui est irrité; l'entrée d'une maison; le père du père ou de la mère d'une personne; une petite bête qui ronronne, qui mange les rats et boit la crème; l'organe de la vue.

3. *Mettez au singulier avec l'article indéfini:* les belettes, les lapins, l'herbe, leur absence, ce terrier, votre aide, les soleils, mes amis, mes amies, ses moustaches, les côtés, l'affaire.

C. *Traduisez en français:*

Sidonie and Johnny are neighbours. One morning, early, he goes out to eat fresh grass. When he comes back home, there is Sidonie in his burrow. Hers (=*Le sien à elle*) has been destroyed by a plough, so she takes possession of Johnny's, and refuses to leave it. She says that the land belongs to the one who occupies it first (Johnny had occupied the burrow long before Sidonie!), and adds that in any case the burrow is very small. Johnny must find another one and stop talking. But he is stubborn, so they go to see a judge.

The one to whose house (=*chez qui*) they go is Rami-nagrobis, the cat. He asks them to come close to him, because he is old, he says, and almost deaf. The two litigants move forward a few steps. When they are quite close, he catches them both and eats them. In that way, they are reconciled (*use* on *with the active voice*).

The moral is that courts are often more dangerous than opponents.

Paresse Arabe

A. *Répondez aux questions suivantes:*
1. Pourquoi dit-on que le Sud de la Tunisie est un paradis terrestre? 2. Quel travail Mohamed et Ali font-ils? 3. Que fait celui-ci pour manger? 4. Et son ami Mohamed? 5. Qui est M. John? 6. Pourquoi est-il surpris? 7. Que fait-il, et qu'est-ce qu'il demande? 8. Que répond Ali? 9. Combien d'heures par jour M. John travaille-t-il? 10. Pourquoi faut-il travailler? 11. Quand M. John aura gagné assez d'argent, que va-t-il faire? 12. Que fait déjà Ali, qui est deux fois plus jeune et qui n'a jamais travaillé de sa vie?

B. 1. *Mettez à la première personne du pluriel:* ils n'aiment pas travailler; elle vient; il s'allonge par terre; il est paresseux; il a faim; il mange la figue; il s'endort; vous n'avez pas honte!; il reprend; il est riche; j'ai quarante ans; j'aurai assez d'argent pour me retirer des affaires.

2. *Donnez un nom de la même famille:* français, bon, terrestre, habiter, aimer, travailler, attendre, paresseux, arriver, vivre, répondre, nouveau.

3. *Donnez un synonyme:* se passer, habiter, paradis, près, très petit, surpris, reprendre, demander, de nouveau, falloir.

4. *Employez le(s) mot(s) convenable(s) pour traduire* in *ou* to: —— Tunisie; —— France; —— Tunisie du Sud; —— États-Unis; —— Amérique; —— Amérique du Nord; —— New-York; —— Paris; —— Nouvelle-Orléans; —— Canada.

C. *Traduisez en français:*

Tunis, which is in Africa, is inhabited principally by Arabs. In the oases it is never cold, and, from the trees, you can pick figs and dates.

Mohamed and Ali are both, we would say, very lazy. They spend most of the day sleeping in the sun. If they are hungry, they wait and finally a fig falls near them. They eat it and then go [back] to sleep again.

One day Mr. John, a great worker, comes to Tunis. He is a rich factory manager in the United States. He sees Ali sleeping in front of his door at noon, which (=*ce qui*) surprises him [very] much. He wakens Ali and asks him if he isn't ashamed to sleep all day [long]. Ali simply asks why, and Mr. John answers that it is necessary to work. Again Ali asks why.

"To make a lot of money and to be rich," says Mr. John. "I work ten hours a day at home. Soon I'll be able to retire from business. Then I can rest."

Ali answers that he has never worked in his life, and that he can already rest. He doesn't understand Mr. John, who is perhaps foolish.

Le Silence est d'or

A. *Répondez aux questions suivantes:*

1. Qu'est-ce qui ne plaît pas au nouveau président de l'université? 2. Quel est le grand défaut des professeurs? 3. Qu'est-ce qu'on va faire du stade? 4. Et de la bibliothèque? 5. Où va-t-on mettre le nouveau stade et la nouvelle biblio-

thèque? 6. Quels sont ceux qui assistent à la soirée du
président? 7. A qui le vieux professeur offre-t-il une tasse
de thé? 8. Quelle est la réponse de cette personne à la première des questions du professeur? 9. Que pense-t-il lui-même
du président? 10. Quelle question pose-t-elle au professeur,
après avoir entendu ses idées? 11. Ayant appris qu'il parle à
la femme du président, que lui demande à son tour le professeur? 12. Pourquoi est-il si content de la réponse de la
dame?

B. 1. *Mettez à la deuxième personne du pluriel:* on vient; il est
jeune; il a trouvé des défauts; ils sont vieux; le secrétaire
s'étonne et il s'écrie; il ne sera pas content; elle s'y tient; il
jette un regard; il veut tout transformer; il ferait; il rougit;
il s'éloigne.

2. *Remplacez le tiret par* qui *ou* que: un président ———
est jeune; la première visite ——— il fait; les étudiants ———
il voit; les professeurs à ——— il est présenté; la bibliothèque et le stade ——— seront plus grands; les étudiantes
——— sont là; la dame ——— se tient là et avec ——— il
parle; ceux ——— on a invités; le soupir ——— pousse le
vieux professeur.

3. *Remplacez le tiret par l'article partitif:* ——— défauts;
beaucoup ——— défauts; ——— grands défauts; ———
salles de classe; dans chaque université il y a ——— traditions;
dans les bibliothèques il y a ——— livres; il y a ———
place; il n'y a pas ——— place; il n'y a pas assez ———
place; ——— étudiantes.

C. *Traduisez en français:*

They have just appointed a young president to head
(*see text*) this university. Nothing pleases him—the buildings,
the class rooms, the students' dress, the professors who are
too old. He wants to have the stadium and the library torn
down, to build new ones.

A few days after his arrival, he gives a reception in the
evening for the professors and their wives, and for the

students. An old professor asks a young woman, whom he doesn't know, what (= *ce que*) she thinks of the new president. She answers: "I think that he is very nice. And [what do] you [think of him]?" The professor has nothing (= *rien de*) good to say of him. The young woman then remarks that if the president knew (*imperfect indicative*) what the professor thinks of him, he might (*conditional of* pouvoir) put him out. "Fortunately," says the professor, "nobody hears us, so he will never know [it]." The lady asks him if he knows who she is, and tells him she is the president's wife! "And do *you* know who I am?" "No," she says, "we have not been introduced." "So much the better for me," he answers, and disappears into the crowd.

Sagesse d'un fou

A. *Répondez aux questions suivantes:*
1. Où et quand se passe l'action de ce conte? 2. Qu'est-ce qui parfume le pain sec du porteur? 3. Pourquoi le rôtisseur lui demande-t-il de l'argent? 4. Que répond-il quand le porteur dit qu'il n'a pas d'argent? 5. Qui va juger la dispute? 6. A qui le fou demande-t-il d'abord une explication? 7. Que dit à son tour le rôtisseur? 8. Après avoir bien réfléchi, qu'est-ce que le fou dit au porteur de lui donner? 9. Quelle pièce d'argent lui remet celui-ci? 10. Que fait le fou pour savoir si elle est bonne? 11. Que fait-il après? 12. Comment le porteur paye-t-il la fumée du rôti?

B. 1. *Donnez le singulier de:* les boutiques; les porteurs; les repas; secs; sèches; savoureux; les pauvres; les fardeaux; eux; les fous; les messieurs; les tribunaux.

2. *Trouvez le mot qui correspond à la description suivante:* celui qui fait rôtir des viandes pour les vendre; celui qui porte des fardeaux; un homme qui manque d'argent; celui dont le métier est d'amuser le roi; celui dont le métier est

d'acheter et de vendre; l'état d'une personne qui se tait, qui ne parle pas; la décision d'un tribunal.

3. *Soulignez les voyelles nasalisées*: pain, parfum, viande, parfumé, magasin, moment, impitoyable, attention, pense, certainement, regardent, comprendre, comptoir, sonner, solennellement, vient.

C. *Traduisez en français:*

Rabelais is one of the great Frenchmen who wrote in (= à) the sixteenth century. He tells the story of a porter, very poor, who is eating his meal in front of the shop of a Parisian restaurant owner. When he is preparing to leave, the owner (= *rôtisseur*) comes out and says that he owes him fifty sous because he has eaten bread made (= *rendu*) tasty by the smoke from his roast. The porter thinks he is not serious, but the owner keeps on insisting.

Finally, they ask the king's fool to judge their dispute. He (= *Celui-ci*) asks the porter to explain what (= *ce qui*) has happened. The owner, in his turn, declares that what the porter has just said is correct. The jester reflects. Then he asks him for a fifty-sou piece, which the porter gives him, saying that it is his last. The jester bites it to see if it is good, and drops it twice on the counter to make it ring. Then he tells him to take back his money and go in peace: he has just paid for the *smoke* from the roast with the *sound* of his money, so he and the owner are quits.

De Charybde en Scylla

A. *Répondez aux questions suivantes:*

1. Qui est-ce qui chante au début de cette histoire? 2. Que dit enfin un des auditeurs à celui qui est assis à côté de lui? 3. Pourquoi ceux-ci ne sont-ils pas d'accord? 4. Que dit le premier monsieur pour prouver qu'il a raison? 5. Comment apprend-il qui est cette grosse dame? 6. Pour s'excuser,

qui critique-t-il après? 7. Et qui est ce jeune homme?
8. Que dit notre gaffeur du piano et de celui qui l'a offert?
9. Qui est M. Durand? 10. Que pense le monsieur du ténor
qui commence à chanter après l'entr'acte? 11. Et qu'est-ce
qu'il dit de la musique que chante le ténor? 12. Que fait le
gaffeur, croyez-vous, quand il apprend qui a composé cette
musique?

B. 1. *Exprimez autrement les mots en italique: annuel; il y a
une demi-heure; peu nombreux; à la fin;* son nom ne *figure*
pas sur le programme; *gêné; fort* bien; une manière *toute*
personnelle; *c'est mon fils;* un piano *détestable*.

  2. *Mettez* mieux *ou* meilleur: vous chantez —— que
cette dame; vous êtes une —— chanteuse; son voisin est
peut-être un —— critique; votre voix est —— que la
sienne; je la connais —— que vous; sa manière de chanter
est —— que je ne pensais; elle chante —— que ce
jeune homme ne joue du piano; il vaut —— se taire.

  3. *Quel est l'adverbe qui correspond à l'adjectif:* annuel,
poli, épouvantable, sec, affreux, mauvais, bon, prudent,
heureux, meilleur?

C. *Traduisez en français:*

A lady is singing, very badly, at a charity concert in Paris.
Finally one of the members of the audience speaks to his
neighbour, whom he doesn't know, of the voice of the lady,
which he thinks is (*use* trouver) very bad. The neighbour
does not agree. The first gentleman adds a great deal to
prove that he is right. Then his neighbour tells him that the
singer is his wife, and the man, who has said so much, is
terribly embarrassed.

Trying to excuse himself, he criticizes the young man who
is accompanying her at the piano. He is told by his neighbour
that the pianist is his son.

During the intermission, he unfortunately meets the other
gentleman, and tells him that he was joking about his son.
And he speaks of the wretched piano that the Durand

company has furnished. "Mr. Durand," says the other, "is my brother."

But he has not yet learned to keep still. He speaks well of the tenor who sings a little later, but says the music is dreadful—after his neighbour has told him that it was (*use present indicative*) not one of his relatives who composed it.

You are right: the neighbour composed it himself!

Non coupable

A. *Répondez aux questions suivantes:*

1. Où Nicolas va-t-il un jour? 2. Où son voisin a-t-il l'habitude de laisser sa voiture? 3. Qu'avait déjà fait Nicolas pour lui persuader de garer son automobile ailleurs? 4. Qu'a-t-il trouvé la veille devant l'allée? 5. Que fait-il? 6. Qui le surprend, et que fait ce monsieur? 7. Pourquoi l'avocat conseille-t-il à Nicolas de plaider simplement non coupable? 8. Quelle question le juge pose-t-il à Nicolas le jour du jugement? 9. Que répond ce dernier, et que dit ensuite le juge? 10. Pourquoi l'avocat est-il si mécontent? 11. Qu'aurait-il dit au juge, surtout puisqu'il le connaît bien? 12. Expliquez pourquoi Nicolas le connaît lui aussi.

B. 1. *Mettez à la troisième personne du pluriel:* il reçoit; il répond; je m'appelle; l'avocat dit; j'ai été; je me suis mis; vous avez eu; il sourit; vous voulez; il réfléchit; il poursuit; je devrai; il s'assied; il se précipite; je connais.

2. *Remplacez le nom par un pronom personnel:* l'avocat reçoit un client; l'avocat parle au client; j'ai demandé au propriétaire de garer sa voiture ailleurs; il n'a pas obéi à son voisin; j'ai pris mon couteau; j'ai crevé les pneus; il hoche la tête; je ne viendrais pas vous demander votre aide; où en est mon affaire?; il se frotte les mains; il a répondu aux clients; il a lu ces mots.

3. *Mettez l'article partitif ou l'article spécifique, selon le cas:*
j'ai écrit ——— mots pour ——— propriétaire; je les ai
laissés sur ——— pare-brise; j'ai crevé ——— pneus qui
sont à lui; il me faut ——— aide; donnez-moi ——— argent;
il lui donne ——— conseils; vous n'avez pas crevé ———
pneus de l'auto.

C. *Traduisez en français:*
There is nothing [of] more disagreeable than to find
somebody else's car in front of the entrance to one's garage.
That happens to Mr. Nicholas, who is very polite, too polite
even. First, he leaves a note on the wind-shield, then he
asks the owner of the car to park it elsewhere. He (= *This
one*) does not comply, and finally Nicholas punctures one of the
back tires. Unfortunately, the owner sees him and takes the
number of Nicholas's car

Nicholas goes to see a lawyer, who has the owner notified
(= *aviser*) of the day of the trial. He receives no reply from
him, and decides that he won't appear. So he advises Nicholas
simply to plead not guilty, and he will be acquitted.

The day of the trial arrives. The lawyer repeats his advice
to deny everything. The judge comes in and reads out the
charge, asking Mr. Nicholas if he pleads guilty or not guilty.
Nicholas answers: "Guilty, your Honour."

The lawyer is surprised and very angry, but discovers, as
Nicholas has [done it], that the judge is the owner of the
car.

Le Trompeur trompé

A. *Répondez aux questions suivantes:*
1. Pourquoi madame Isabelle porte-t-elle des vêtements
usés? 2. Qu'est-ce que maître Pathelin prend aujourd'hui
chez M. Guillaume? 3. Qu'est-ce qu'il promet à Guillaume
si celui-ci vient dîner ce soir chez lui? 4. Quand Guillaume
arrive, que lui dit Isabelle? 5. Que pense-t-il? 6. Qui arrive

chez Pathelin tout de suite après, et pourquoi? 7. Qu'est-ce
que Pathelin lui conseille? 8. Pourquoi, le lendemain au
tribunal, le juge ne comprend-il pas les accusations de
Guillaume? 9. Comment Pathelin profite-t-il de la confusion
de Guillaume? 10. Quelle est la décision du juge? 11. De
quoi menace-t-il Guillaume? 12. Que dit Thomas, et que
fait-il, quand Pathelin lui demande ses dix mille francs?

B. 1. *Employez la forme convenable de l'adjectif:* (*usé*) les vêtements d'Isabelle sont ———— ; (*beau, cher*) ma femme doit
porter une ———— robe, même si elle est ————; (*beau*) ces
tissus sont ————; (*ce, bon*) ———— oie sera ————; (*malade*)
Isabelle n'est pas ————, mais son mari est très ————;
(*son*) il m'a donné ———— parole de me payer ce soir, mais
j'entends ———— cris et ———— plaintes; (*ce*) ———— après-
midi; (*confus*) elle n'est pas ————.

2. *Quel est l'adjectif qui correspond à l'adverbe:* bien,
certainement, bellement, sombrement, aucunement, doucement, confusément, joyeusement, seulement, innocemment?

3. *Mettez à l'impératif, deuxième personne du singulier,
première et deuxième personnes du pluriel:* sont, acheter, fait,
avez, mangerons, croit, est venu, lever, ils se mettent à
table, répondrai, vont, finir.

C. *Traduisez en français:*
This farce was written a few years before the discovery of
America, but all Frenchmen still know the name of the sly
lawyer who deceived everybody, if he could.
   His wife's clothes are worn, for nobody trusts (*use* avoir
confiance en) him, and he has no clients. But he goes to Mr.
Williams' and buys four metres of his best cloth. As he leaves,
he says he hasn't the money with him. He invites the merchant to have dinner at his house and, at the same time,
to get (=*prendre*) his money. Mr. Williams, who has asked
too much for the cloth, is very glad to have a free (=*gratuit*)
dinner besides (=*en outre*).
   When he arrives at Pathelin's house that evening, Isabel

tells him he must be mistaken, because her husband has been in bed, very ill, for a week. Williams, completely confused, leaves. Pathelin and his wife, laughing, at once sit down at the table.

At this point, Thomas, Mr. Williams' shepherd, arrives, asking Pathelin to defend him in court against his master. He has been selling sheep, but saying they died of disease. Pathelin, pleased by his promise of ten thousand francs, advises him to answer "Bah", like his sheep, as if he couldn't (*imperfect indicative*) say anything else, whenever he is asked a question, even by Pathelin himself.

The next day, the judge asks him if he is guilty. He answers only "Bah", which (=*ce qui*) astonishes the judge. At this moment, the cloth merchant, seeing Pathelin, says that he has stolen cloth from him. The judge, not knowing about this affair, thinks Williams is confused and tells him the shepherd is accused of stealing sheep, not cloth. "Let us come back to our sheep," he says. Pathelin tells him that Williams doesn't even know what he is accusing Thomas of, and besides the shepherd is too stupid to be convicted. The judge declares Thomas not guilty.

After the trial, when Pathelin asks Thomas for the money he has promised, all (=*tout ce que*) he gets (*use* avoir) from him, as he runs away, is "Bah, bah".

Le Renard et les anguilles

A. *Répondez aux questions suivantes:*

1. Pourquoi le renard a-t-il si faim? 2. Que décide-t-il de faire? 3. Que voit-il au même instant? 4. Qu'est-il tenté de faire d'abord? 5. Qu'est-ce qu'il finit par faire? 6. Que fait le conducteur quand il aperçoit le renard mort? 7. Que va-t-il faire de sa peau? 8. De quoi est plein le panier sur lequel le renard est maintenant étendu? 9. Que fait-il? 10. Pourquoi le conducteur ne le voit-il pas? 11. Qu'est-ce

que le renard fait encore, avant de sauter à bas de la charrette? 12. Quand le conducteur s'aperçoit-il que le renard n'est pas mort?

B. 1. *Donnez un verbe de la même famille:* la pensée, le conducteur, la fuite, le passage, l'ignorance, le parfum, l'ouverture, le compte, la vue, le galop.

2. *Donnez un synonyme de chacune des expressions suivantes:* solitaire, chez eux, l'animal, voir, dans le lointain, vite, la charrette, la patte, ignorer, saisir.

3. *Mettez à la forme interrogative:* nous sommes en hiver; le renard marche solitaire; les paysans ne sont pas aux champs; les pensées du renard sont sombres; sa première réaction est de décamper à toute vitesse; le conducteur aperçoit son corps; je vais le mettre dans ma charrette; il respire un parfum délicieux; la chance le favorise; les planches ne le séparent pas des anguilles.

C. *Traduisez en français:*

The *Roman de Renart* is still older than the *Farce de Pathelin*, and was very popular through all of Europe.

The fox is hungry, because he has not eaten for a week. It is [the] winter, and all the rivers are covered with a thick layer of ice. His thoughts are gloomy, for he thinks he will die of hunger and cold.

At that moment, he sees a cart on the road, in the distance. At first, he thinks of running away and hiding. Suddenly he has an idea; he stretches out in the road and doesn't move. The driver sees him, thinks he is dead, and throws him into the back of his cart, expecting (*use* compter) to sell his fur at a good price.

Soon the fox breathes in a delightful odour of fresh fish. They are eels, which the man has just bought. The fox swallows several of them, then takes two or three in his mouth, jumps down from the cart, and runs away.

The driver finally realizes that the fox, when he threw him into his cart, was not dead.

La Tarte et le pâté

A. *Répondez aux questions suivantes:*

1. Qu'est-ce que Georges entend dire au pâtissier, qui parle avec sa femme? 2. Quel est le messager qui cherche le pâté? 3. Pourquoi le pâtissier revient-il à la maison sans avoir dîné chez ses amis? 4. Que lui dit sa femme quand il demande un peu du pâté? 5. Pourquoi Georges va-t-il à la pâtisserie? 6. Que dit-il à la femme du pâtissier? 7. Que fait le mari? 8. Qu'est-ce que sa femme confirme? 9. Pourquoi le pâté est-il bel et bien perdu? 10. A quelle condition le pâtissier va-t-il épargner Georges? 11. Pourquoi Armand retourne-t-il à la pâtisserie, et quelle surprise l'y attend? 12. Que pensez-vous de la conduite de Georges?

B. 1. *Définissez:* mendiant, femme, heure, mari, voleur, pomme, minute, prison.

2. *Donnez un homonyme de chacun des mots suivants:* faim, sais, dois, suis, dit, dû, toi, moi, peu, part.

3. *Soulignez les consonnes qui ne se prononcent pas:* et ils se hâtent; leurs habits; avoir faim; ils mendient pour pouvoir dîner ce soir; les habitants; chez eux; offrir; seuls; le comptoir; monsieur; escroc; tout à l'heure.

C. *Traduisez en français:*

George and Armand, who are beggars, are in front of the shop of a pastry-cook. They hear him say to his wife that he will send a messenger to get (=*chercher*) a meat pie he is going to give to friends at whose house he is to have dinner. When the man has left, George says that, if Armand is willing to be the messenger, they can eat the pie together, as they are hungry. Armand goes and gets it, and they have an excellent dinner under a bridge.

During this time, the pastry-cook goes back home. His friends must have got the wrong day, so he says that he and his wife will eat the pie themselves. She explains that she has given it to "his messenger".

The beggars have eaten their pie, and now all they need is a dessert. Armand has seen an apple tart in the pastry shop. This time it is George's turn to go and get it. George goes and he tells the woman that he is coming to get the apple tart for her husband. But the husband is there now, even if George doesn't see him at first. He threatens to have him arrested, if his accomplice doesn't consent to put himself into the hands of the police.

Under the bridge, George tells Armand that the woman will give the tart only to the first messenger, and Armand goes to the pastry shop. Instead of a tart, he finds two policemen (=*agents de police*) there, and they take him off to prison.

George, after that lesson, decides it is better to remain honest!

Les Bandits

A. *Répondez aux questions suivantes:*

1. Quel est le caractère de Paul? de Louis? 2. Où sont-ils quand ils perdent leur chemin un soir? 3. Pourquoi Louis a-t-il peur d'entrer dans la petite maison? 4. Que demande-t-on tout d'abord? 5. Qu'y a-t-il sur les murs? 6. Que demande Jean après avoir mangé? 7. Pourquoi Louis ne peut-il pas s'endormir? 8. Qu'est-ce qu'il entend dire au bûcheron et à sa femme? 9. Que font-ils quand ils montent au grenier, où couchent les deux amis? 10. Combien d'heures Louis dort-il cette nuit-là? 11. Où se trouve la famille le lendemain matin quand Louis et Paul descendent? 12. Que trouvent-ils dans la besace donnée par la femme du bûcheron?

B. 1. *Remplacez le tiret par l'article partitif:* ——— amis voyagent en Italie; il y a là ——— grandes forêts; ils ont besoin ——— repos; ces gens sont peut-être ——— bandits; il y a beaucoup ——— enfants dans la maison; autour de la table sont ———— chaises; il doit y avoir ———— argent dans son portefeuille; il n'y a pas ———— chiens dans la maison; du plafond pendent ———— provisions diverses; la besace contient———— vivres pour le voyage; on y voit———— poulets et ———— beaux morceaux de jambon.

2. *Remplacez le nom par la forme convenable* (le, la, les, lui, leur, y, en): ils se perdent dans la forêt; ils ne retrouvent plus leur chemin; ils voient la maison; nous ne connaissons pas ces gens; ils sont des bandits; mais ils frappent à la porte; il ouvre la porte aux deux amis; personne ne parle aux voyageurs; il leur désigne des chaises; il parle à Paul de son imprudence; il répond à sa femme; elle a mis les poulets dans la besace.

3. *Donnez le contraire de l'expression en italique:* la *moins* civilisée; de *grandes* forêts; *après* cette journée; on *ne* voit *rien*; elle *s'ouvre*; *sans* douceur; *personne ne* leur parle; se *coucher*; au-*dessus* de; *le lendemain.*

C. *Traduisez en français:*

Paul and Louis are travelling on foot in this wild country. The night is dark, and they have lost their way. Fortunately, they see the light of a little house. Paul wants to knock on the door at once, but Louis is afraid. Paul answers that they can't sleep in the open, and he knocks.

He asks the man with the sinister face—at least, so Louis thinks—who opens the door if he can give them something to eat. The man tells them to come in. There are people seated in the room, but nobody speaks to the travellers. They (= *Ceux-ci*) sit down at the table. The man tells them that they are imprudent to travel alone and unarmed in such a dangerous country. On the walls one sees all sorts of weapons, and Louis is certain that their hosts are bandits.

After the meal, Paul asks for a bed. The man tells them to follow him to the garret. There they see sausages and hams hanging from the beams. Paul goes to sleep at once. He doesn't hear the man say to his wife: "Shall we kill them

both?" Then he comes up the stairs and enters the attic on
tiptoe, a great knife in his hand. But all he does is to (=de)
cut two slices from one of the hams.

The next morning, before the departure of the two friends,
the woman brings them a bag. In it (=Là-dedans) they see
two slices of ham and also two chickens just (see text) roasted,
food for the day's trip. Louis understands now what their
host meant by his question: "Shall we kill them both?"

Le Mieux est l'ennemi du bien

A. *Répondez aux questions suivantes:*
1. Combien pèse Alfred? 2. Quelle est l'ordonnance du
médecin pour le faire maigrir? 3. Quel est l'effet, au bout de
six mois, de ce traitement? 4. Ses pieds guéris, où souffre
Alfred ensuite? 5. Quand cette laryngite est guérie, comment
va-t-il? 6. Quel est le résultat de la potion? 7. Quel régime
Alfred suit-il maintenant? 8. Combien pèse-t-il après
plusieurs mois de ce régime? 9. Pourquoi refuse-t-il d'aller
encore une fois voir son médecin? 10. Qui va chez lui à sa
place? 11. Quelle est l'ordonnance du médecin cette fois?
12. Expliquez comment Alfred a perdu vingt kilos en trois
jours.

B. 1. *Mettez la préposition convenable, si nécessaire:* il se
décide ———— aller voir un médecin; il décide ———— aller
le voir; il va ———— le voir; se promener ———— pied; il
maigrit ———— dix kilos; ma montre avance ———— cinq
minutes; je sais ———— guérir vos pieds; ils seront ————
parfait état ———— trois mois; tout ———— fait; il est difficile
———— guérir ces maladies; ces maladies sont difficiles ————
guérir.

2. *Conjuguez au présent et à l'imparfait de l'indicatif:*
être, dire, vouloir, revenir, se porter, avoir, maigrir, savoir,
hausser, aller

3. *Trouvez la question qui correspond à la réponse suivante:*
il mange beaucoup; il s'est pesé ce matin; la balance indique
cent dix kilos; j'aime me promener à pied; je me promène
deux heures le matin; je me porte bien; vos pieds seront en
parfait état; il y plonge un instrument.

C. *Traduisez en français:*

Alfred goes to see a doctor because he weighs too much.
The doctor (= *Celui-ci*) tells him to walk two hours in the
morning, two hours in the evening, and to come back in six
months.

Alfred reduces twenty-two pounds, but now his feet are
swollen. The doctor cures his feet by foot-baths, but the
foot-baths give him [the] chronic laryngitis. The laryngitis is
cured by electricity, but the electric treatments have made
Alfred very nervous. The doctor gives him a potion for his
nerves, which are cured, but the potion makes Alfred suffer
from his stomach. The doctor treats his illness by a diet that
has just been discovered. Alfred is a little sceptical now, but
the diet cures his stomach. Only it makes him weigh too
much again! He understands that everything will begin over
if he goes to see the doctor, so he refuses.

His wife then goes to the doctor in secret. He advises
horseback riding. Three days later, he gets a telephone call
from Alfred, who tells him he has already lost forty-four
pounds. The doctor congratulates him, but he says there is
no reason [for that]: he fell from his horse and they had to
cut off his right leg, which weighed exactly forty-four pounds.

Une Opération miraculeuse

A. *Répondez aux questions suivantes:*

1. Que faisait Raoul ce matin de bonne heure, et qu'est-ce
qui est arrivé? 2. Quel miracle le docteur Lafleur a-t-il fait?
3. Qu'est-ce que le chef demande au docteur? 4. Que dit-il

en téléphonant au rédacteur en chef de *La Gazette* de Mont-réal? 5. Comment est-ce que tout le Canada va savoir ce qui s'est passé? 6. Dans quels endroits lit-on des comptes rendus de l'opération? 7. Qui arrive le lendemain vers midi au chantier? 8. Qui présente-t-on aux auditeurs? 9. Quelle question le reporter pose-t-il au docteur? 10. Qu'est-ce qu'il lui demande encore? 11. Pourquoi le docteur Lafleur n'a-t-il pas endormi le patient pendant l'opération? 12. Pourquoi le docteur a-t-il eu raison d'être si modeste?

B. 1. *Conjuguez au futur, au conditionnel et au passé indéfini de l'indicatif:* être, entrer, avoir, faire, se calmer, vouloir, appeler, venir, aller, pouvoir.

2. *Trouvez le mot qui correspond à la description suivante:* celui qui traite les malades; un instrument qui permet de transmettre les sons de la voix à de grandes distances; celui qui exerce un métier manuel; une publication périodique qui donne des nouvelles politiques, etc.; une personne qui écoute la radio ou un discours; une interrogation que l'on adresse à quelqu'un; substance dure des arbres.

3. *Soulignez les lettres qui se prononcent comme l's du mot* se: dix heures, une scie, monsieur, sensationnel, soixante, ce qui s'est passé, ça, nécessaire, remise, patient, poison, poisson.

C. *Traduisez en français:*
A workman rushes into the chief's office. He relates a miracle that Dr. Lafleur has performed. Raoul was cutting trees, when suddenly the saw slipped and cut off his right leg. In less than an hour the doctor repaired it, with cloth bandages and tar, and now Raoul uses his leg as [he did] before.

The chief sends for (=*sends to get*) Dr. Lafleur, and asks him if what the workman has said is true. The doctor, very modest, says it wasn't very difficult, but the chief doesn't agree. He thinks the operation was miraculous, and, at the telephone, asks for the Montreal *Gazette*. The editor says he is going to put out a special edition of his paper, and will also send a radio reporter to him the next day.

The radio reporter arrives about noon. The broadcast begins. He introduces Dr. Lafleur to his audience, and then asks him for some details on the operation itself, which he thinks is (*use* trouver) extraordinary. He asks if Dr. Lafleur anaesthetized the patient to keep him from suffering. The doctor, much surprised, answers: "Of course not, since the leg was wooden!"

Repas à bon compte

A. *Répondez aux questions suivantes:*
1. Où demeure le commandant Browne? 2. Où a-t-il l'habitude de prendre son repas de midi tous les dimanches? 3. Pourquoi est-il, ou n'est-il pas, content de ce restaurant? 4. Que commande-t-il aujourd'hui? 5. Que fait-il quand on la lui sert? 6. Combien la caissière lui demande-t-elle de payer ce déjeuner? 7. Pourquoi le directeur décide-t-il de lui jouer un bon tour? 8. Que trouve-t-il dans l'enveloppe qu'on lui remet la fois suivante? Et le dimanche suivant? 9. Le troisième dimanche, quelle est son addition? 10. Pourquoi lui a-t-on remis cent dollars quinze jours plus tôt? 11. Qu'exige-t-il, et pourquoi? 12. Pourquoi ne peut-on pas lui rendre le film du dimanche précédent?

B. 1. *Définissez:* commandant, restaurant, rue, instant, pied, cadeau, aujourd'hui, ami.
2. *Remplacez les mots en italique par la forme convenable:* il habite *à New-York*; elle présente *l'escalope au commandant*; *le commandant* se penche *sur l'assiette*; il retourne *le morceau du bout de sa fourchette*; il ne laisse pas *de pourboire à la serveuse*; à cause de *ce monsieur*, ils ne reviennent pas; cela, c'est pour *la caissière*; chez *ses amis*; c'est *le commandant* qu'on va voir; *le commandant* et la caissière parlent ensemble.

3. *Exprimez autrement:* quelques instants *plus tard*; je veux *essayer* de déjeuner; je ne *remettrai* plus *les pieds* dans ce restaurant; elle se *renouvelle* tous les dimanches; *de plus*, il m'a *prié* de vous *remettre* cette enveloppe; *chez lui*.

C. *Traduisez en français:*

Major Browne lives [in] Park Avenue, and has the habit of eating every Sunday in a restaurant on (*use* of) 57th Street. But he doesn't like the meals there, at least he always says so. He complains about them every time he eats there. So the manager decides to play a trick on him.

A month later, the major is angry because he has to pay [for] a dinner that he finds very bad. He is surprised when the cashier tells him to keep his money. Moreover she gives him an envelope containing a hundred dollars, and says the manager invites him to come and eat there next Sunday, again without paying.

He returns the next Sunday, and this time he receives five hundred dollars.

But the following time, when he is preparing to go out without paying, the cashier tells him that his bill is four dollars. He asks her for an explanation, which she gives him. Two weeks before, a producer, hiding a camera behind a door, filmed him for the pictures in one of his outbursts of bad humour. The major threatens her if she doesn't return the film to him at once.

Then he says he wants the other one too, the one of last Sunday. She is sorry, she says, but that time it was for television!

Un Convive indésirable

A. *Répondez aux questions suivantes.*

1. Pourquoi Alfred de Musset va-t-il chez M. d'Étiolles?
2. Qui l'aperçoit dans le parc? 3. A qui, dans l'esprit de

Musset[1], appartient cette bête? 4. Que fait-elle? 5. Que pense d'Étiolles au sujet du chien? et sa femme? 6. Quelle invitation est faite au jeune poète? 7. Que dit Mme d'Étiolles au domestique? 8. Que fait le chien au lieu d'attendre sa pâtée? 9. Pourquoi Musset ne dit-il rien de la conduite étrange de ce chien? 10. Comment apprend-on enfin qu'il n'est ni à l'invité ni à ses hôtes? 11. Comment allait voter M. d'Étiolles? 12. Qu'est-ce que le pauvre chien trouve difficile à comprendre?

B. 1. *Employez la forme du verbe, accompagnée, s'il y a lieu, de l'expression convenable:* (*aller, avoir*) en ——— voir M. d'Étiolles, Musset espère ——— sa voix; (*arriver*) avant ——— chez lui, il n'avait jamais vu ce chien; (*quitter*) après ——— la maison, il sait que ses hôtes ne le connaissent pas non plus; (*voir*) en ——— le chien, il croit que c'est un de leurs animaux favoris; (*avoir*) il vient chez lui pour ——— sa voix; (*voter*) M. d'Étiolles avait décidé de ——— contre lui; (*partir*) après ——— de chez lui, M. de Musset reçoit sa voix favorable.

2. *Employez l'article partitif, spécifique, ou générique* (*général*), *selon le cas:* ——— candidats doivent aller voir ——— membres de l'Académie; il y a peu ——— chiens dans ce parc; ——— chiens sont ——— animaux fidèles; il fait ——— efforts pour l'éloigner; ——— chien saute sur le fauteuil; il pose ——— pattes sur ——— table; il y a ——— chiens qui ne font jamais cela; ces gens-là n'ont pas ——— chiens; ils ne connaissent pas ——— chiens comme vous les connaissez.

[1]This is the best usage for the particle *de* with proper names: omit the *de*, except after a given name or title (*Alfred de Musset, M. de Musset, le comte de Musset,* but *Musset était un grand poète*); before a name pronounced or spelled as a monosyllable, the *de* is always kept (*de Guiche*).

Note that the above rules do not apply to *d', du,* or *des*: the particle is always used (*d'Étiolles, du Cange, des Barreaux*).

3. *Faites des phrases avec:* rendre visite à; demander à quelqu'un de + *inf.*; demander à quelqu'un à + *inf.*; chez; se mettre à; quant à; s'installer; quel (*exclamatory*); un peu de; peu de; tout à fait; être à.

C. *Traduisez en français:*

Alfred de Musset is a candidate to the French Academy, therefore he goes to call on Mr. d'Étiolles, one of the members who lives near Paris. In front of the house, he notices a poor, thin dog, which, he thinks, belongs to his host. The dog follows him into the house, in spite of his efforts to keep him away, where he jumps into an arm-chair. The poet is invited to dinner. Then Mrs. d'Étiolles comes in, and, like her husband, thinks that Musset has brought the dog with him.

When they sit down at the table, the dog goes with them, puts his paws on the table, and even eats from their plates. But everybody is very polite, for Mr. and Mrs. d'Étiolles think that he belongs to Musset, and Musset thinks that he belongs to them. It happens finally that the poet speaks of "your dog", and then everybody understands the mistake that has been made. Mr. d'Étiolles, bursting out laughing, says that he had decided to vote against Musset at the next Academy meeting.

La Femme muette

A. *Répondez aux questions suivantes:*

1. Pourquoi Mme Colas n'est-elle pas tout à fait parfaite?
2. De quel médecin parle un jour l'ami de son mari? 3. Pourquoi, selon ce médecin, qui examine à fond Mme Colas, ne peut-elle pas parler? 4. Quelle question fait-il à son mari avant de promettre de la guérir? 5. Comment la guérit-il? 6. De qui, quelques semaines plus tard, reçoit-il un coup de téléphone? 7. De quoi se plaint cette personne? 8. Que demande-t-on au médecin de faire? 9. Ne pouvant pas faire cela, qu'est-ce qu'il peut faire pour M. Colas? 10. Combien de temps celui-ci attend-il avant de se décider? 11. Comment

le médecin le rend-il sourd? 12. Pourquoi M. Colas sourit-il
maintenant dans ses rêves?

B. 1. *Mettez la forme convenable du pronom relatif* (qui, que,
dont, où)*:* la jeune fille ——— il vient d'épouser; la ville
——— elle demeure; le seul défaut ——— elle a; l'ami ———
lui demande comment il va; sa femme ——— ne peut toujours
pas parler; le médecin ——— il parle; le médecin à ——— il
téléphone; le médecin ——— arrive le lendemain; les médicaments ——— lui donne le médecin; les médicaments ———
la font parler.

2. *Remplacez les mots en italique par les expressions
convenables qui se trouvent dans le texte:* elle *demeure* dans la
même ville; je *me porte* très bien; *après* un quart d'heure;
êtes-vous très riche?; *n'allez-vous pas bien?*; elle parle *pendant
mon travail*; *avalez* ces pilules; il devient sourd *lentement*; *bien
entendu*; il ne *répond* pas; il va se *mettre au lit.*

3. *Soulignez les lettres qui se prononcent comme l'*e *du mot*
me*:* elle a les cheveux blonds; un de ses amis; il reprend;
célèbre; monsieur Colas; le lendemain; fait; faisant; je reviendrai demain matin; reçoit; venir; premier.

C. *Traduisez en français:*
Mr. Colas' wife has only one defect: she can't talk. A
friend says that a famous doctor has just arrived in town, who
can cure her. Mr. Colas gives this doctor a telephone call,
and he promises to come and see his wife the next day.

The doctor, after examining her, tells Mr. Colas to give
her cheese and bread soaked in wine. Since that mixture
makes parrots talk, it will also make Mrs. Colas talk. He
gives it to her, and she begins to talk very easily.

A few weeks later, the doctor receives another telephone
call from Mr. Colas. He asks him what is the matter. He has
cured Mrs. Colas too well! She now talks without stopping,
and her husband asks the doctor if he can't make her dumb
again. He can't do that without her consent, but, if Mr.
Colas really wishes it, he can make him deaf.

Finally, Mr. Colas decides to take the pills which will make him deaf. He no longer hears his wife, and, from that moment on, he lives happily with her.

L'Apprenti Détective

A. *Répondez aux questions suivantes:*
1. Où Michel passe-t-il ses vacances? 2. Quel est le résultat de ses lectures? 3. Pourquoi, cette nuit-là, se réveille-t-il vers minuit? 4. Que font les trois hommes devant la maison? 5. De quoi soupçonne-t-il ces hommes, et où court-il? 6. Où lui et le brigadier vont-ils? 7. Quand on l'accuse d'être un voleur, que fait le troisième homme? 8. Que font les trois hommes sur ce chemin à cette heure de la nuit? 9. Que croient les escargots, selon Gustave, quand Jules allume et éteint rapidement sa lampe électrique? 10. Quand ils entendent les roulements du tambour d'André? 11. Quand lui-même verse de l'eau avec son arrosoir? 12. Après cette aventure, qu'a cessé de faire Michel?

B. 1. *A quoi sert* un lit? la porte d'une maison? un chemin? une lampe? un tambour? un arrosoir? un escalier? une chambre? la main? un escargot?
2. *Donnez l'impératif et les participes (présent et passé) de* être; aller; bâtir; faire; lire; dormir; avoir; voir; tenir; comprendre; ouvrir; marcher; reconnaître; pleuvoir.
3. *Faites des phrases avec:* au milieu de; au lieu de; passer du temps à + *inf.*; donner sur; car; parce que; l'un ... l'autre; se passer; jusqu'à; au loin; aller (*of health*); pas du tout; ne ... que; faire (*of weather*).

C. *Traduisez en français:*
Michael goes to the *lycée* in Paris, but at present he is on vacation at his uncle's in a little village. Sometimes, instead of doing his home-work, he spends his time reading detective novels. He imagines he sees burglars everywhere.

One night, about twelve o'clock, he awakes and sees three men in front of the house walking one behind the other on tiptoe. Certainly they are plotting some evil act. Michael, dressing quickly, runs to get the police sergeant, who follows him to his uncle's house. From Michael's room they see the three men. The first has a flash light, the second a big drum, the last a sprinkling can. Michael and the sergeant run down (*use* descendre en courant) the stairway, and the latter shouts: "Up with your hands!"

But he and the three men know each other. They are three inhabitants of the village, who explain that they are simply hunting snails. It has been very dry weather, and the snails come out only during a storm. They take the flashes of the light for lightning, the roll of the drum for thunder, and, when Gustave pours water from his sprinkling can, they think the rain is beginning to fall.

Michael feels embarrassed, and he reads no more detective novels.

Le Chien et le cheval

A. *Répondez aux questions suivantes:*

1. Que fait Zadig en se promenant dans le bois? 2. Que cherche l'officier du roi? 3. Que dit Zadig à l'officier, après lui avoir donné la description du chien avec beaucoup de détails? 4. Qu'est-ce qui a été perdu le même matin? 5. Que pensent le valet d'écurie et l'officier, voyant que Zadig paraît si bien connaître le cheval et le chien? 6. Pourquoi est-il mis en prison, et pourquoi, le lendemain, est-il remis en liberté? 7. Mais quelle amende doit-il payer pour avoir menti? 8. Comment prouve-t-il qu'il n'a pas menti en ce qui concerne le chien? 9. Et comment pouvait-il donner des détails encore plus précis sur le cheval? 10. Pourquoi, puisqu'il a prouvé son innocence, lui retient-on presque toute son amende? 11. Que décide-t-il de faire une autre fois? 12. Pourquoi doit-il payer une nouvelle amende de 100.000 francs?

B. 1. *Comment appelle-t-on* un animal qui ronronne? celui qui observe? un animal sur lequel on monte pour se promener? un animal qui aboye? celle qui possède un royaume ou qui a épousé un roi? celui qui vole? celui qui condamne les prisonniers? celui qui ment? celui qui préside? celui qui, ayant fait un pacte avec le diable, exerce des tours de magie?

2. *Donnez un synonyme de chacune des expressions suivantes:* marcher, surpris, aisé, le chemin, le bois, (un mètre) de haut, le caillou, s'échapper.

3. *Mettez le temps convenable du verbe:* Zadig est au bois ce matin; (*être*) il ———— là depuis huit heures; (*être*) il y a une heure qu'il ———— là; (*observer*) depuis qu'il est au bois, il ———— tout; (*être*) depuis qu'il ———— au bois, il a vu l'officier et le valet d'écurie du roi; (*être*) il y a quelques heures que le chien et le cheval ———— perdus.

C. *Traduisez en français:*

In this part of his story, Voltaire, who wrote *Zadig* in (=*à*) the eighteenth century, is one of the first to (=*à*) use the methods of the detective novel.

The officer and the groom ask Zadig, who is taking a walk in the forest near his estate, if he has not seen the queen's dog and the king's horse. They have been lost for several hours. Zadig correctly describes them, with many details, and then says he has never known the queen had a dog or the king a horse. They (=*On*) think he has stolen them, since he knows so well what they are like (*use* les connaître si bien).

The next day the dog and horse are found again, but the judge condemns Zadig to a large fine, because he has lied. Zadig proves to him that he has not lied, and explains how he was able to know all those details. The judge has the money returned to him; but he holds back the legal costs, so Zadig gets (*use* avoir) nothing. Another time, he says to himself, he will keep still.

A month later, he sees a prisoner, who has escaped, running

away. The judge condemns him to the same fine: he has seen
an escaping prisoner, and he hasn't told [it to] the police.
Zadig decides it is very difficult to be happy in this world.

Le Corridor de la tentation

A. *Répondez aux questions suivantes:*
1. Quel est le grand défaut des trésoriers du royaume?
2. Quel poste Zadig occupe-t-il maintenant? 3. Pourquoi
est-il célèbre? 4. Quel moyen propose-t-il pour découvrir
le trésorier le plus honnête? 5. Comment doivent se présenter
les candidats? 6. Qu'y a-t-il dans la petite galerie? 7. Qui
reste là avec chaque candidat? 8. Quand ils commencent à
valser dans la salle de bal, que pensent le prince et Zadig de
ceux qui dansent mal? 9. Quelle exception y a-t-il? 10. A
quel poste est nommé celui qui danse bien? 11. Que pensent
le prince et Zadig de cet homme-là? 12. Pourquoi le prince
punit-il tous les autres?

B. 1. *Remplacez le tiret par l'article partitif, spécifique ou générique, selon le cas:* ——— courtisans sont souvent ——— voleurs; personne n'aime ——— impôts; payez-vous ———
impôts?; je paye ——— gros impôts; vous devez gagner beaucoup ——— argent; ——— trésoriers du royaume ont ———
habitude de diviser ——— sommes ——— argent en deux
parties; il connaît ——— moyen de découvrir ——— trésoriers honnêtes; ——— candidats ne dansent pas tous bien; ils
prennent ——— bijoux dans ——— corridor; ils prennent
trop ——— bijoux.
2. *Employez la forme convenable du pronom personnel:*
——— seul (il) connaît ce moyen; il fait annoncer ———
-même cet avis; fais ce tu veux ——— -même; le prince et
Zadig ——— disent cela à ——— -mêmes; ——— seuls (ils)
connaissent le secret; ——— -mêmes nous avons ri de ces
pauvres candidats.

3. *Employez la forme convenable du verbe:* (*prendre*) si le candidat ———— des bijoux, il ne sera pas nommé trésorier; (*danser*) s'il ———— bien, il n'y en aura pas dans ses poches; (*avoir*) s'il danse mal, il en ———— pris; (*être*) s'il danse légèrement, il ———— trésorier; (*refuser*) le roi le saura si le candidat ———— de danser.

C. *Traduisez en français:*

King Nabussan asks his counsellor, Zadig, if he knows a way of discovering an honest treasurer. Zadig tells him to organize a court ball according to his instructions; the best dancer will be the most honest treasurer. The prince thinks he is not serious, but, since Zadig insists, he does what he proposes.

All the candidates are to appear at the court ball, in light evening dress, the following Saturday at nine o'clock in the evening. Each one is left alone for a few minutes, in a corridor, before entering the ball-room. The prince, who now knows the secret, has exposed all his treasures in this corridor.

When they are all in the ball-room, the music has begun and the king tells them to dance. All sixty-four dance badly, their backs bent over, except a single one. He is nimble and has no difficulty. The king congratulates him, and appoints him treasurer.

Each of the others, left alone in the corridor, had filled all his pockets, and was scarcely able to walk.

Tartarin en Afrique

A. *Répondez aux questions suivantes:*

1. Pourquoi Tartarin ne travaille-t-il pas pour gagner sa vie? 2. Qui est toujours le héros des histoires qu'il raconte? 3. Pourquoi part-il pour l'Afrique du Nord? 4. Qu'est-ce qu'il promet à ses amis sur le quai de la gare? 5. Quel est le seul gibier au sud d'Alger, et pourquoi Tartarin compte-t-il y trouver des lions? 6. Qui est le petit monsieur qui monte

dans la diligence? 7. Comment Tartarin se moque-t-il de lui, et de M. Bombonnel? 8. Comment, dit-il, connaît-il si bien ce dernier? 9. Que dit-il des panthères et des lions? 10. Quel conseil le petit monsieur donne-t-il à Tartarin en descendant de la diligence? 11. Pourquoi, selon lui, n'y a-t-il plus de lions dans cette région? 12. Tartarin ayant demandé au conducteur quel est cet insolent personnage, quelle est sa réponse?

B. 1. *Trouvez le mot qui correspond à la description suivante:* qui a l'habitude de se louer soi-même; un très grand animal qui habite l'Afrique et qui est du genre chat; une voiture publique pour les voyageurs tirée par des chevaux; une arme à feu, longue et portative; celui qui poursuit un gibier; un poil qui pousse sur la tête d'une personne; celui qui guide des chevaux.

2. *Quel est le passé indéfini de* être, partir, pouvoir, arriver, se trouver, avoir, s'ouvrir, s'asseoir, aller, rire, devoir, connaître, perdre, venir?

3. *Donnez le contraire de l'expression en italique:* il est très *vantard*; il *monte*; il *s'assied*; il est *assis*; j'ai tué *beaucoup* de lions; elle est *arrivée*; *avant de fermer* la portière; il *s'en va*.

C. *Traduisez en français:*
Tartarin is going to hunt lions. He leaves Tarascon and his friends, to whom he promises lion skins. When he reaches Algiers, he takes a stage-coach to find them. In it (=*Là-dedans*) are already a priest, two young ladies and a photographer. Soon a small gentleman gets in. He is bald, carries a leather brief-case, and looks like a village notary. He sits beside Tartarin, whom he annoys because he keeps looking at (*see text*) all his equipment. Tartarin haughtily tells him who he is, and that he is going to kill lions. He adds that he has already killed a great many [of them], which (=*ce qui*) is not true.

The photographer speaks of Mr. Bombonnel, the famous panther hunter. Tartarin interrupts him, and says that he has hunted more than twenty times with Bombonnel, whose reputation is very much overrated.

The coach stops to let the small gentleman out (= *descendre*). Before leaving, he gives Tartarin a bit of advice: he is wasting his time in northern Africa, for there are no more lions there; he himself has just killed the last [one]. Then he departs.

Tartarin, speaking to the driver, asks who that insolent person is. The driver answers: "Why that is Mr. Bombonnel!"

Le Tonneau magique

A. *Répondez aux questions suivantes:*
1. Parlez de Maillard et de sa fille. 2. Pourquoi celle-ci est-elle sortie ce soir? 3. Pourquoi s'arrête-t-elle en rentrant à la maison? 4. Que fait-elle pour aider la pauvre vieille? 5. Que trouve-t-elle, comme récompense, sur le seuil de sa porte? 6. Qui prépare le repas ce soir-là? 7. En quel état Maillard rentre-t-il? 8. Après avoir mangé de très bon appétit, que fait-il? 9. Que va-t-il demander au génie? 10. Au lieu d'exaucer son vœu, que fait le géant qui sort du tonneau? 11. Que dit-il à Maillard? 12. A qui servira le génie en attendant?

B. 1. *Définissez:* un paysan, chez, l'inconnue, le front, le café, un centimètre, le gibier, ivre, un géant, le tonnerre.

2. *Faites accorder les participes passés, s'il y a lieu:* la ferme qu'ils ont habité—; il a frappé— sa fille; elle est rentré—, toute courbé— sous le poids du sac; elle s'est penché— sur l'inconnue, qui serait mort— sans elle; elle n'a pas attendu—; elle s'en est allé—; les lutins se sont répandu— sur la table; les plats minuscules sont devenu— des pièces de gibier.

3. *Traduisez en anglais:* il rentre tard chez lui, le soir;

tout à coup, une forme attire ses regards; pour la rappeler
à elle, Angélique va mouiller son mouchoir à une source
voisine et en baigne son front; sans toi, je serais morte de
froid cette nuit; vous pourrez vous reposer; je dois repartir
sans attendre et je vais tout à fait bien maintenant; chaque
fois que tu désireras quelque chose, ton vœu sera exaucé
aussitôt; d'abord interdite, elle reprend son sac sur le dos.

C. *Traduisez en français*:

Maillard and his daughter, Angelica, are quite different
from each other (*see* un *in the vocabulary*). She is gentle and
charitable. He is cruel, he drinks too much, and he often
beats her.

One evening, as she is coming home, she sees an old woman
stretched out unconscious at the edge of the path. She stops
and brings her round, inviting her then to come to her house
to rest and share her meal. The unknown woman thanks her,
but says she must leave at once. To reward Angelica, there
will be a cask at her home: whenever she wants something,
she is to put it on the table, pronounce certain magic words,
and her wish will be granted.

She finds the cask, in fact, when she returns home. She is
late in preparing the meal and, being afraid of being beaten
by her father, thinks she will try the cask. She is surprised to
see a chef and an army of elves, who quickly prepare a magnificent dinner.

Her father comes in, having drunk more than ever. He
eats and drinks first, then threatens his daughter if she doesn't
explain. She does so, because she is afraid.

Maillard takes the cask and asks for a great deal of gold.
Clouds of smoke rise toward the ceiling. Gradually they take
the form of a giant, who beats him with a club. Then the giant
says:"You have well deserved this punishment. Your daughter
alone will be able to use the cask, until the day when you
have become as good and charitable as she [is]."

Le Pont du diable

A. *Répondez aux questions suivantes:*

1. Que demande l'architecte de la ville, et pourquoi?
2. Pourquoi rit-on quand le maire parle de l'honnêteté de maître Jean? 3. Pourquoi la construction du pont n'est-elle pas facile? 4. Quelle est la proposition de l'adjoint du maire? 5. Pourquoi, quand il reçoit la lettre, l'architecte décide-t-il de quitter la ville? 6. Qui paraît dans sa chambre à cet instant? 7. Que promet-il à maître Jean? 8. D'après le contrat qu'il signe avec son sang, que doit-il promettre à son tour? 9. Pourquoi, le jour de Noël, tout le monde se trouve-t-il sur la place de Pont-sur-Arves? 10. Pourquoi le diable attend-il sur l'autre rive? 11. Pourquoi se demande-t-on si sa victime va être le maire? 12. Qui passe le pont le premier, et pourquoi le diable ne l'attrape-t-il pas?

B. 1. *Employez la forme convenable du pronom ou de l'adjectif démonstratif* (celui, ceux, celle[s], celui-ci, etc.; ce[t], cette, ces): —— séance; —— conseillers; —— pont; l'honnêteté du maire et —— de maître Jean; la destruction de l'autre pont et de ——; —— argent et —— qu'on avait déjà dépensé; —— millions et —— qu'on avait déjà dépensés.

2. *Employez la préposition convenable, s'il y a lieu:* il se lève —— protester; envoyons —— maître Jean une lettre; —— les acceptant; vous vous engagez —— le construire —— six mois; on se servira —— ce pont —— six mois; —— plus, il n'a nulle envie —— aller —— prison; un bruit le fait —— retourner; il est pourvu —— une longue queue; il pourra —— l'aider; il sera capable —— l'aider; la plume que le diable tend —— l'architecte; le maire vient —— finir un long discours; il se dirige —— le pont; il s'adresse —— Satan.

3. *Remplacez les mots en italique par les expressions convenables qui se trouvent dans le texte:* j'ai une communication que *je dois* vous faire; pour *achever* cet ouvrage; il se lève

tout de suite; *maintenant* il faut faire un détour; vous *promettez de* terminer le pont; je *les prie* de lever la main; *d'ailleurs*, il n'a *pas* envie d'y aller; à *ce moment*, un bruit le fait *se* retourner; c'est le diable *lui-même*; il rit *encore une fois*; il *prend* le parchemin; plusieurs mois *ont passé*.

C. *Traduisez en français:*

The bridge over the Arves has been destroyed three times. Nevertheless, the architect asks for two million francs to finish it. There are some town councillors who oppose any new expense, and they think besides that there is something strange behind that. But the council decides to send Master John a letter with the money he asks for. If he accepts the money, the bridge will be finished at a certain date, or he will go to prison.

He cannot promise that, for he doesn't understand all those accidents, so he prepares to leave town secretly. At that very moment, he hears a strange noise in the fireplace. It is the devil in person, who says he will build the bridge for the architect. In exchange, he will surrender to the devil the first living creature that crosses the bridge. After a few minutes, during which he reflects deeply, Master John signs the contract which the devil offers him.

It is Christmas Day (= *C'est le . . .*). The mayor, the town band, and all the population are gathered on the public square, for the bridge is finished. The devil is waiting patiently on the other bank. After the opening (= *la cérémonie d'inauguration*), the mayor moves forward to cross the bridge first. Will he be the victim?

Master John calls to him to stop for a moment. He goes toward the entrance, [with] a big sack on his back. From it comes out a pig, crosses the bridge at full speed, and runs away. The devil, amazed, watches him, and the architect shouts: "What are you waiting for? There is your victim escaping."

Le Secret de Maître Cornille

A. *Répondez aux questions suivantes:*

1. Qu'est-ce qu'on a bâti, il y a longtemps, au sommet des collines de Provence? 2. Quel est le plus riche des meuniers du pays? 3. Qui est Vivette, et quelle sera sa dot? 4. Qu'est-ce que les gens de Paris viennent de construire? 5. Quel en est le résultat pour les moulins à vent? 6. Quelle exception paraît-il y avoir? 7. Comment maître Cornille a-t-il changé? 8. Qui demeure maintenant avec lui dans son moulin? 9. Pourquoi sa fille et Félicien sont-ils tristes? 10. Que découvrent-ils un jour au moulin? 11. Comment le bonheur et l'argent sont-ils revenus chez maître Cornille? 12. Que font un beau jour Vivette et Félicien?

B. 1. *Employez le pronom nécessaire:* maître Cornille est meunier, et personne n'est plus riche que ———; il a une fille ——— s'appelle Vivette; on ne sait pas quelle sera sa dot, mais ——— sera considérable; son moulin, ——— les ailes tournent toujours, lui apporte beaucoup d'argent; les petits ânes, chargés de blé, vont chez ———; les autres meuniers n'ont pas à ——— plaindre; on leur apporte du blé à ——— aussi; Vivette, ——— n'importe qui serait content d'épouser, est fiancée à Félicien; elle et ——— sont fiancés.

2. *Remplacez les mots en italique par un pronom ou un adjectif possessif:* mon fiancé et *le fiancé de Vivette*; ma fiancée et *celle de Félicien*; il pense à (*his*) fiancée; elle pense à (*her*) fiancé; il garde (*his*) moulin et (*his*) propriété; elle perd (*her*) dot, mais elle ne perd pas (*her*) fiancé.

3. *Corrigez, s'il y a lieu, les phrases suivantes:* nous sommes à Paris, vers 1930; le vent du sud s'appelle le mistral; les ailes des moulins ne tournent que la nuit; elles tournent pour moudre le blé; les Parisiens n'ont pas construit de minoteries en Provence; les paysans n'ont pas abandonné les moulins à vent; le petit âne gris ne vient qu'au moulin de maître Cornille; Cornille garde Vivette chez lui; il y a des sacs de farine dans son moulin; en France tout finit par des chansons.

C. *Traduisez en français:*

On the summit of every hill in Provence, a century or two ago, was a windmill. The millers were rich and everybody was happy.

Master Cornille has a daughter, Vivette, engaged to Félicien. She will have a large dowry, as her father has lots of money. But the steam mills, which grind the wheat faster, gradually replace the windmills, and the wings no longer turn when the wind blows.

Nothing has changed however, it seems, at Master Cornille's. The wings of his mill keep turning, and the little grey donkey brings him sacks every day. But Cornille insults everybody, and he is dirty and badly dressed. He lives alone in his mill, without opening his door to anyone. He has sent Vivette away, and she must work now to earn her living.

One day, she and Félicien decide to go to the mill to see what is the matter. They find that Master Cornille has just gone out, but they look through a window on the second floor. The mill is empty. There is not a grain of wheat. In a corner, there are some bags split open from which plaster screenings are pouring, instead of the wheat they expect to see.

That was Master Cornille's secret. People would believe, he thought, that he was still making flour, and he wanted to save the honour of his mill.

But the story ends well. His friends bring him real wheat to grind. And one fine day, Vivette and Félicien are married, while the wings of the mill turn joyously in the (=au) north wind.

VOCABULAIRE ET NOTES

A

a *see* **avoir**

à at, in, to, on; **à (deux places)** with; **au (visage sombre)** with a; **(n'a aucune difficulté) à trouver** in finding; **à vous maintenant** it's your turn now; (*to introduce an inf. having passive value*); **(ton cas est) difficile à défendre** difficult to defend; *see* **parler**

abandonner abandon, give up, surrender

abandonneras *fut. ind. 2nd sing. of* **abandonner**

aboie *pres. ind. 3rd sing. of* **aboyer**

abominable abominable, wretched

un **abord** approach; **d'—** (at) first; **tout d'—** at the very first

aboyer bark

un **abri** shelter; **à l'—** sheltered

abrupt, −e [abrypt] abrupt, steep

une **absence** [apsɑ̃ːs] absence

absent, −e [apsɑ̃, apsɑ̃ːt] absent

abuser (de) take advantage (of)

un **académicien** academician, member of the French Academy

une **académie** academy; **l'Académie française** the French Academy, founded in 1634

acceptant *pres. part. of* **accepter**

accepter (de) accept; agree, consent (to)

acceptes *pres. ind. 2nd sing. of* **accepter**

un **accès** [aksɛ] access; outburst

un **accident** accident, mishap; (unexpected) symptom

accompagner accompany

accompli, −e *past part. of* **accomplir**

accomplir accomplish, carry out

un **accord** agreement; **être d'—** agree; **mettre d'—** reconcile; **d'—**(!) agreed (!), all right (!)

accourent *pres. ind. 3rd pl. of* **accourir**

accourir hasten (up), come running

accroupi, –e *past part. of* **accroupir**

accroupir: s'— sit (down), crouch (down); **accroupi** sitting

accueille *pres. ind. 3rd sing of* **accueillir**

accueillir [akœjiːr] receive, welcome

une **accusation** accusation, charge; *see* **acte**

accuser (de) accuse (of)

acheter buy

achever [a ʃve] end, complete

acquitté, –ée *past part. of* **acquitter**

acquitter acquit

un **acte** act, action; — **d'accusation** charge, bill of indictment

une **action** action, act

actuellement at present

une **addition** addition; bill

adieu, –x *m.* good-bye

un **adjoint** assistant; — **au maire** deputy mayor

admirer admire

adresser address; s'— **à** address, speak to

un **adversaire** opponent

une **affaire** business, affair; **bonne** — (that's) a bargain, good profit; **les —s** business; **avoir** — **à** have to deal with

affamé, –ée hungry, ravenous

affolé, –ée distracted, panic-stricken

affreusement dreadfully, horribly

affreux, –euse frightful, hideous, dreadful, ghastly

Afrique *f.* Africa

un **âge** age

âgé, –ée old

agir act

agréable agreeable, pleasant

ah! ah! oh! hmm!

ahuri, –e dumbfounded

ai *see* **avoir**

une **aide** help, assistance; **venir en** — **à** help, befriend

aider help; — **quelqu'un à faire quelque chose** help someone do something; **en quoi pouvez-vous m'—?** how (in what respect) can you help me?

aidez *imperative and pres. ind. 2nd pl. of* **aider**

aiguisé, –ée *past part. of* **aiguiser**

aiguiser [egɥize] sharpen, grind; **mieux aiguisé** sharper

une **aile** wing; sail

ailleurs elsewhere; **d'—** from elsewhere; besides, moreover

aimable amiable, pleasant

aimait *imp. ind. 3rd sing. of* **aimer**

aiment *pres. ind. 3rd pl. of* **aimer**

aimer like, be fond of; —(à) like to

aimerais *cond. 1st sing. of* **aimer**

ainsi thus, so, this (that) way

un **air** air; manner, way; tune, melody; **d'un — profond** in (with) a profound manner, profoundly; **à l'— aimable** with an amiable manner; **avoir l'— sinistre** look (seem) ominous; have a sinister appearance; **avoir l'— de** + *inf.* seem to

une **aise** ease, comfort; **tout à votre —** quite comfortably

aisé, -ée easy

ajouter add

Alger Algiers

une **allée** walk, path; lane, entrance, drive

l'**Allemagne** *f.* Germany

allemand, -e German

aller go; feel, be (*of health*); **— faire quelque chose** go to (and) do something; **je vais imposer** I am going to impose; **nous allons jouer** we'll play; **tu vas fermer les yeux** close your eyes,

(you're going to close your eyes); **va te cacher** go and hide; **comment allez-vous?** how are you?; **ils vont mieux** they are better; **tout va bien** everything is all right; **qu'est-ce qui ne va pas?** what's wrong?; **allons** (*exclamation*) come; **s'en —** leave, go away

Indicatif:

PRÉS. **je vais, tu vas, il va, nous allons, vous allez, ils vont**

IMP. **j'allais,** etc.

PASSÉ

INDÉF. **je suis allé,** etc.

FUT. **j'irai,** etc.

COND. **j'irais,** etc.

Impératif:

va, allons, allez

Participes:

allant, allé

allez *see* **aller**

un **allié** ally

allo (*interjection used only in telephoning*) hello

allonger lengthen; **s'—** stretch (oneself) out; **allongé** stretched out

allons *see* **aller**

allumer light

une **allure** gait, bearing; behaviour; speed; **à toute —** at full speed; **ils ont des —s de**

bandits they look like bandits

alors then; so; well (then)

alpin, –e Alpine

une **âme** soul

améliorer improve

une **amende** fine; **100.000 francs d'——** fine of 100,000 francs

américain, –e American; of the United States

Amérique *f.* America; the United States; **en ——** in America, etc.

ami, –e friendly

un **ami** friend; **mon ——** my friend, my dear fellow

amoureux, –euse enamoured; (*noun*) lover, sweetheart

amuser amuse, entertain

un **an** year; **j'ai quarante ——s** I am forty (years old)

André *m.* Andrew

un **âne** donkey

Angélique *f.* Angelica

anglais, –e English; British

une **angoisse** anguish, distress

une **anguille** eel; *see* **sur**

un **animal, –aux** animal; **—— favori** pet

une **année** year

annoncer announce, promise

annuel, –elle annual

apercevoir see, catch sight (a glimpse) of; **s'——** see, realize, become aware

aperçoit *pres. ind. 3rd sing. of* **apercevoir**

apparaît *pres. ind. 3rd sing of* **apparaître**

apparaître appear

une **apparence** appearance; **en ——** on the surface

un **appartement** apartment, flat; **(posséder un ——) Park Avenue** on Park Avenue

appartenir (à) (*conj. like* **tenir**) belong (to)

appartient *see* **appartenir**

un **appel** appeal; **cour d'——** Court of Appeal; **protester en cour d'——** appeal

appeler call; **s'——** be called; **je m'appelle** my name is

appelle *pres. ind. 1st or 3rd sing. of* **appeler**

un **appétit** appetite; **de bon ——** heartily

applaudir applaud

applaudit *pres. ind. 3rd sing. of* **applaudir**

apporter bring

apprendre (à) teach (to); learn, hear

apprends *pres. ind. 1st sing. of* **apprendre**

un **apprenti** apprentice; **—— détective** detective's apprentice

apprêter prepare; **s'—— (à)** prepare, get ready (to)

approcher approach,

come near(er); — **de** approach; **s'**— de approach

approuver approve; — **de la tête** nod approval

appuyant *pres. part. of* **appuyer**

appuyer (sur) press

après after, afterwards; — **tout** after all; **et** — ? what then?; **d'**— according to, from, after

un *or* une **après-midi** (*invariable in plur.*) afternoon

arabe Arabian; (*noun*) **Arabe** Arab

un **arbre** tree

un **architecte** [arʃitɛkt] architect

ardent, –e burning, hot; *see* **charbon**

un **argent** silver; money

une **argile** clay; *see* **boue**

aride arid, barren

une **arme** arm, weapon

une **armée** army

un **armement** equipment, gear

armer (de) arm (with)

arracher tear (away, up)

arranger arrange, set (put) in order; **il la lui a arrangée** he put it in order for him

arrêter (de) stop; arrest; **s'**—(de) stop

arrière (*invariable adj.*) back, rear; **les pneus** — the back tires; (*noun*)

m. back, rear; **à l'**—de in the back of

une **arrière - boutique** (*plur.* **arrière - boutiques**) back-shop, back-room (*of a shop*)

une **arrivée** arrival; *see* **dès**

arrivent *pres. ind. 3rd pl. of* **arriver**

arriver arrive, come (up); happen; succeed, manage; **je n'arrive plus à m'endormir** I can't get to sleep any more; **il m'arrive une histoire désagréable** an unpleasant thing is happening to me; *see* **fois**

un **arrondissement** ward (*in Paris*)

arroser water, sprinkle

un **arrosoir** sprinkler, watering-can

un **article** article

un **artilleur** artilleryman, gunner

as *see* **avoir**

Asie *f.* Asia

asseoir seat; **être assis** be seated (sitting); **s'**— sit down, take one's seat

assez enough; rather; — **de** enough; — **pour**+ *inf.* enough to; **j'en ai** — I've had enough of it, I'm sick of it

assied *pres. ind. 3rd sing. of* **asseoir**

une **assiette** plate

assis, –e *past. part. of*
asseoir

un **assistant** bystander,
spectator

assister assist; — **à** be
present at, witness

assommé, –ée *past part.
of* **assommer**

assommer knock on the
head, kill; stun

attaquer attack; — **en
justice** take action
against

attend *pres. ind. 3rd sing.
of* **attendre**

attendez *pres. ind. 2nd
pl. of* **attendre**

attendre wait, wait for,
await

attendrir touch, move to
pity

attendu, –e *past part. of*
attendre

une **attention** attention; **a-
vec** — carefully, atten-
tively; —**(à vous)**! look
out (for yourself)! be
careful!; **faire** — **(à)**
pay attention (to), take
notice (of)

attentivement atten-
tively

attirer attract, draw

attraper catch; seize, take
hold of

au, aux = *à+le, à+les*
(*art.*)

aucun, –e any, no; **ne
. . .** — no

audacieusement aud-
aciously, boldly

au-dessous below; — **de**
below

au-dessus above; — **de**
above; **jusqu'**— above,
over

une **audience** audience, hear-
ing, court

un **auditeur** hearer, listener;
les —**s** the audience

augmentent *pres. ind.
3rd pl. of* **augmenter**

augmenter augment, increase; — **de volume**
increase in size

aujourd'hui today

auparavant before
(-hand), first

aurai, auras *see* **avoir**

ausculter examine by
auscultation

aussi also, too; as, so;
un homme — **rare**
a man so unusual, such
an unusual man; — **. . .
que** as . . . as; (*comes before the verb, and may
cause the inverted order*)
therefore, consequently;
see **moi**

aussitôt at once, immediately; — **que** as soon
as

autant (de) as (so) much,
as (so) many; — **que**
as (etc.) much as

un **auteur** author, composer

une **auto(mobile)** car; **en** —
by car

autour round; — **de** (a)round, about

autre (*adj. and pron.*) other; *see* **un**

autrement otherwise

avait, avaient *see* **avoir**

avaler swallow

avancent *pres. ind. 3rd pl. of* **avancer**

avancer advance, move forward; be fast (*of a watch*); — **de quelques pas** move a few steps forward; **s'**— advance, move (come) forward

avant before (*of time*); — **de**+*inf.* before

avant-hier [avɑ̃tjɛːr] the day before yesterday

avec with; out of

une **aventure** adventure, experience

avertir warn, notify

avertis *pres. ind. 1st sing. of* **avertir**

avez, aviez *see* **avoir**

un **avion** (air)plane

un **avis** notice

un **avocat** lawyer, barrister

avoir have; **il y a** there is, there are; ago; **il y a une heure** an hour ago; **qu'y a-t-il? qu'est-ce qu'il y a?** what's the matter?; **qu'as-tu?** what's the matter with you?; **je n'ai plus qu'à (les ramasser)** I have only to; — **un mètre** be a meter long (wide, high, tall); *see* **assez**

Indicatif:
PRÉS. **j'ai, tu as, il a, nous avons, vous avez, ils ont**
IMP. **j'avais,** etc.
PASSÉ
INDÉF. **j'ai eu,** etc.
FUT. **j'aurai,** etc.
COND. **j'aurais,** etc.
Impératif:
aie, ayons, ayez
Participes:
ayant, eu [y]

avons *see* **avoir**

avouer acknowledge, confess

ayant *see* **avoir**

B

les **babines** *f.* lips, chops; **se lèche les** — licks his chops

la **baguette** rod, stick, drumstick

baigner bathe

le **bâillement** yawn

le **bain** bath

le **bal, –s** ball (*dance*)

la **balance** balance, scales

balayer sweep (away, up)

balbutier [balbysje] stammer

la **banane** banana

la **bande** band, strip

le **bandit** bandit

la **banlieue** suburbs

la **banque** bank; *see* **billet**

bas, basse low; **la tête**

basse (with) his (their) head(s) down, lowered; (*adv.*) **bas** low

le **bas** lower part; **à — de** down from, off; **en —** (down) below

le **bateau, –x** boat

bâti, –e *past part.* of **bâtir**

le **bâtiment** building

bâtir build

le **bâton** stick

battre beat; *see* **tenir**

battu, –e *past part.* of **battre**

beau, bel, belle; beaux, belles beautiful, handsome; fine; **bel et bien perdu** completely lost; **rire de plus belle** laugh more than ever

beaucoup much, very much, a great deal; many, a great many; **— de (brouillard)** a great deal of, much; **— de (défauts)** many

bèe bah

la **belette** weasel

belle *see* **beau**

le **bénéfice** profit, benefit

le **berger** shepherd

Bernard, Tristan French dramatist and novelist (1866-1947)

la **besace** bag, sack

le **besoin** need; **avoir — de** need, require; have need of, to

bête stupid

la **bête** beast, animal

la **bibliothèque** library

bien well, very well; very; much, very much; all right; (*to emphasize the verb*) **nous l'empêcherons — . . .** we *will* prevent him . . . ; **(fort)** — indeed, really, quite, very; **(très) bien (!)** all right (!), good (!); **eh bien(!)** well(!); **si — que** so that, and so; *see* **sûr**

le **bien** good; *see* **mieux**

la **bienfaisance** [bjɛ̃fəzɑ̃ːs] benevolence, charity; **société de —** benevolent society

le **bienfaiteur** [bjɛ̃fɛtœːr] benefactor

le **bijou, –x** jewel, gem

le **billet** ticket, note; bill; **— de banque** banknote

bizarre queer, bizarre

blanc, –che white

le **blé** wheat

bleu, –e; bleus, bleues blue

blond, –e fair, blond

boire drink

Indicatif:
PRÉS. **je bois, tu bois, il boit, nous buvons, vous buvez, ils boivent**
IMP. **je buvais,** etc.

Passé
INDÉF. **j'ai bu,** etc.
FUT. **je boirai,** etc.
COND. **je boirais,** etc.
  Impératif:
    bois, buvons, buvez
  Participes:
    buvant, bu

le **bois** wood, forest
boit *see* **boire**
boitait *imperfect ind. 3rd sing. of* **boiter**
boiter limp; — **du pied gauche** be lame in the left foot
boiteux, –euse lame
bombarder bombard
bon, bonne good, kind; nice; clever, capable; **bon**(!) good, all right; *see* **heure**
le **bond** bound, leap
le **bonheur** happiness, good luck
le **bonjour** good-day, good-morning, good-afternoon
le **bonsoir** good-evening
la **bonté** goodness, kindness
le **bord** edge, brim, bank
la **bouche** mouth
la **boue** mud; — **d'argile** wet soft clay
bouger move, stir; **ne bouge plus** stops moving

la **bougie** candle
bouleverser upset
la **bourse** purse
le **bout** end; **au** — **de** after, at the end of
la **bouteille** bottle
la **boutique** shop
le **bouton** button
la **branche** branch
le **bras** arm; **sous le** — under his (her, their) arm; **entre ses** — in his arms
bravo (*interjection*) bravo, good
bref, brève brief, short
brièvement briefly
le **brigadier** corporal; — **de gendarmerie** constabulary (police) sergeant
briller shine
briser break, shatter; **se** — break
le **brouillard** fog
le **bruit** noise, sound; row, fuss, to-do
brûler burn; **brûlé de soleil** sun-scorched
brusquement abruptly, suddenly; (**la porte**) **s'ouvre** — is flung open
brutal, –e; –aux, –ales brutal, coarse
bu, –e *see* **boire**
le **bûcheron** woodcutter
le **buffet** sideboard, cupboard
le **bureau, –x** office; desk
buvons *see* **boire**

C

c' = ce (*pron.*)

ça (*familiar*) = cela

la **cabine** cabin, room

caché, –ée *past part. of* **cacher**

cacher hide; **se —** hide

la **cachette** hiding-place; **en — secretly**

le **cadavre** corpse, dead body, carcass; **voilà mon — qui galope!** there is my dead fox running away!

le **cadeau, –x** gift, present

le **café** coffee; café

la **cage** cage

le **caillou, –x** pebble, stone

la **caisse** chest; body (*of vehicle*); (cashier's) desk

la **caissière** cashier; **madame la —** Mrs. X

la **Calabre** Calabria

calmement calmly, coolly

calmer calm; **se —** calm down; **calmez-vous** gently!

calmez *pres. ind. and imperative 2nd pl. of* **calmer**

le (la) **camarade** comrade, chum

le **cambrioleur** housebreaker, burglar

la **camera** [kamɛra] motion-picture camera

la **campagne** (open) country

le **Canada** Canada

le **candidat** candidate

la **canne** cane, stick

le **canon** cannon, gun

capable capable

le **capitaine** captain

car for

le **caractère** nature

la **carrière** career

le **carrosse** carriage

le **cas** case; **en tout —** in any case

la **cause** cause; **à — de** on account of, because of

ce, cet, cette; ces (*adj.*) this; that; these; those; **ce temps–là** that time; **cette fois–ci** this time

ce (*pron.*) it, that, this; he, she, they; **ce sont les canons** it's the guns; **ce qui, ce que** which; **ce qui, ce que** what, that which; **tout ce qui (que)** everything (that), all (that), whatever; **(c'est . . . qui, c'est . . . que** *to emphasize the intervening word*) **c'est lui qui l'a transmis** he (it was he who) handed it down; **ce sont (des mendiants)** they are; **ce que vous avez de moins mauvais** the best (least bad) you have; *see* **n'est-ce pas?**

ceci (*pron.*) this

cela (*pron.*) that; (*with*

être, cela est *becomes* c'est là *if there is a noun or noun-clause in the predicate*) c'est là un raisonnement habile that is a clever argument

célèbre celebrated, famous

celle(s) *see* celui

celui, celle; ceux, celles (*pron.*) the one, that, those; he, she, they; celui-ci the latter; he, him, it; celle-ci the latter; she, her, it

cent (a, one) hundred; — dix one hundred and ten

le cent [sɛnt] cent

la centaine (about a) hundred

le centimètre centimetre

cependant meanwhile; yet, still, nevertheless, though

certain, –e certain, sure

certainement certainly, of course

ces *see* ce (*adj.*) these; those

cesse *f.* cease; sans — constantly

cesser (de) cease, stop

c'est-à-dire that is

cet, cette *see* ce (*adj.*)

ceux *see* celui

chacun, –e each, each one; ils habitent cha-

cun each of them lives; — son tour turn and turn about

la chaise chair, seat

la chambre, room, bedroom

le champ field; *see* travers

la chance chance, luck

changer change; — de trésorier change treasurers

la chanson song

chanter sing

le chanteur singer

la chanteuse singer

le chantier yard, timber-yard, lumber-yard

le chapeau, –x hat

chaque each, every

le charbon coal; — ardent live coal

chargé, –ée (de) loaded (with); je suis déjà trop — I have my hands too full already

charitable charitable

charmant, –e charming, delightful

la charrette cart

la charrue plough

Charybde *m.* [karibd] Charybdis; de — en Scylla from Scylla into Charybdis; out of the frying pan into the fire

la chasse pursuit; game shooting (hunting); (game) preserve; aller à la — au lion go lion hunting

chasser chase, hunt; drive away

le **chasseur** hunter

chassons *pres. ind. 1st pl. of* **chasser**

le **chat** cat

le **château, –x** castle; country seat, *château*

chaud, –e warm, hot; **faire chaud** be warm, hot (*of weather*)

chauffé, –ée *past part. of* **chauffer**

chauffer heat

la **chaussure** footwear; (*pl.*) shoes

chauve bald

le **chef** [ʃɛf] head, chief; — (**de cuisine**) head cook, chef; *see* **rédacteur**

le **chemin** way, road, path; **par les — s** on the roads

la **cheminée** fireplace, fire-(side); mantel (piece); chimney

le **chèque** cheque, check

cher, chère dear, expensive; *see* **coûter**

chercher hunt (for), look for; get; **tu me chercheras** (you will) hunt for me; *see* **envoyer**

le **cheval, –aux** horse; **je suis tombé de —** I fell off my horse

le **cheveu, –x** (a single) hair

chevrotant, –e quavering, tremulous

chez at (in, to) the house (home, office, place, shop) of; — **moi** at (etc.) my house (place), at (my) home; **de — un ami** from a friend's house; — **Raminagrobis** to Raminagrobis' (house); — (**Alfred**) in

le **chien** dog

le **choix** choice

la **chose** thing; **quelque —** something, anything

la **choucroute** sauerkraut

chronique [krɔnik] chronic

chut [ʃ(y)t] hush, ssh

—ci *see* **ce** (*adj.*), **celui**

le **ciel** (*plur.* **cieux**) sky, heaven

la **cigarette** cigarette

ci-joint, –e herewith (*agrees in gender and number with the noun only when* ci-joint *follows*)

le **cinéma** cinema, pictures

cinq five

cinquante fifty

le **citron** lemon

civilisé, –ée civilized

claquant *pres. part. of* **claquer**

claquer bang

la **classe** class; (**salle de**)— class-room

la **clef** [kle] key; **fermer à —** lock

le **client** client, customer

le **climat** climate

la **clochette** (small) bell
le **cochon** pig
le **coffre** coffer, chest
le **coin** corner
Colas *m.* [kɔla] *familiar for* **Nicolas,** Nicholas
la **colère** anger; **être en —** be angry; **se mettre en —** get angry, lose one's temper
collant, –e sticky, clinging, matted
la **colline** hill
la **collision** collision; **entrer en — avec** collide with, run into
le **colonel** [kɔlɔnɛl] colonel
combien how much, how many
la **comédie** comedy; performance
comique comic
le **commandant** major
le **commandement** command
comme as, as if; like, just like; **— moi** like me, as I do; **— cadeau** as a gift; **— c'est étrange** how strange that is
commencé, –ée *past. part. of* **commencer**
commencent *pres. ind. 3rd pl. of* **commencer**
commencer (à) commence, begin, start (to); **— par** begin by
commençons *pres. ind. or imperative 1st pl. of* **commencer**

comment how; **— ?** what (did you say)?; **— ! what!**
la **communication** communication
la **compagnie** company
le **compagnon** companion
comparaître appear (*in court*)
la **compassion** compassion
la **compétence** competence, ability
compétent, –e competent
complètement completely
le **complice** accomplice
le **compliment** compliment
comploter plot
composé, –ée *past part. of* **composer**
composer compose, make up
comprend *see* **comprendre**
comprendre (*conj. like* **prendre**) understand
comprends *see* **comprendre**
compris, –e *see* **comprendre**
le **compte** [kɔ̃t] account; **se rendre — de** realize, understand; ascertain; **— rendu** report; **à bon —** cheap
compter [kɔ̃te] count; count on, expect to
le **comptoir** [kɔ̃twaːr] counter

concentrer concentrate; **se —** concentrate

le **concert** concert

conclu, -e *past part. of* **conclure**

conclure conclude, infer; declare

conclut *pres. ind. 3rd sing. of* **conclure**

condamner [kɔ̃dane] condemn, sentence, convict

la **condition** condition; **à une —** on one understanding (condition)

le **conducteur** driver

conduirai *fut. ind. 1st sing. of* **conduire**

conduire drive; take

conduit *pres. ind. 3rd sing. of* **conduire**

conduit, -e *past part. of* **conduire**

la **confiance** confidence; **en —** confidently

confirmer confirm

confond *pres. ind. 3rd sing of* **confondre**

confondre confound; **se — en excuses** be profuse in apologies

confortable comfortable, cosy

confortablement comfortably

confus, -e confused

connais *see* **connaître**

la **connaissance** knowledge; consciousness; **sans —** unconscious

connaiss(i)ez *see* **connaître**

connaissons *see* **connaître**

connaît *see* **connaître**

connaîtrait *see* **connaître**

connaître know, be acquainted with

Indicatif:

Prés. je **connais**, tu **connais**, il con**naît, nous connaissons, vous connaissez, ils connaissent**

Imp. je **connaissais,** etc.

Passé

Indéf. **j'ai connu**, etc.

Fut. je **connaîtrai,** etc.

Cond. je **connaîtrais,** etc.

Impératif:
connais, connaissons, connaissez

Participes:
connaissant, connu

le **conseil, -s** counsel, (piece of) advice; **— municipal** town council

le **conseiller** counsellor; **— municipal** town councillor

conseiller advise; — à quelqu'un de faire quelque chose advise someone to do something

considérable considerable; large

le **consommateur** customer (*in a restaurant, café*)

consomment *pres. ind. 3rd pl. of* **consommer**

consommer consume, use up

constamment constantly

consterné, –ée dismayed, aghast

la **construction** construction, building

construirai *fut. ind. 1st sing. of* **construire**

construire construct, build, make

le **conte** story, tale

contenant *see* **contenir**

contenir (*conj. like* **tenir**) contain

content, –e satisfied, pleased

le **contestant** contestant

contient *see* **contenir**

continuent *pres. ind. 3rd pl. of* **continuer**

continuer (à) continue (to), keep on

contraire contrary; (*noun*) **te prouver le —** prove the opposite to you; **au —** on the contrary

le **contrat** contract

contre against

convenable suitable, proper, decent

la **conversation** conversation

le **convive** guest (*at a meal*), table companion

la **convocation** convocation, summons

la **corde** rope

cordialement cordially

cornu, –e horned

le **corps** [kɔːr] body; figure; — **enseignant** teaching staff

le **corridor** corridor

corriger correct

le **côté** side; **à — de** beside, next to; **des deux — s** in both directions, both ways; **à mes — s** by my side

la **couche** bed, layer

coucher put to bed; sleep, lie in bed; **se —** go to bed, lie down

coulent *pres. ind. 3rd pl. of* **couler**

couler run, flow, pour (out); go down, sink

le **couloir** corridor, lobby

le **coup** blow; gust; — **d'œil** glance; — **de téléphone** telephone call; — **de pied** kick; **tout à —** suddenly, all at once; *see* **sûr, vent**

coupable guilty

coupait *imperfect ind. 3rd sing. of* **couper**

coupé, –ée *past part. of* **couper**

couper cut, cut off

la **cour** court; yard

courageux, –euse brave, courageous

le **courant** current; **être au — de** know (all) about

courber bend (over)

la **courge** vegetable marrow, squash

Courier de Méré, Paul-Louis French publicist (1772–1825)

courir run; **cours me chercher le docteur** hurry and get the doctor for me

Indicatif:
Prés. **je cours, tu cours, il court, nous courons, vous courez, ils courent**
Imp. **je courais,** etc.
Passé
indéf. **j'ai couru,** etc.
Fut. **je courrai,** etc.
Cond. **je courrais,** etc.
Impératif:
　　cours, courons, courez
Participes:
　　courant, couru

le **courrier** mail

le **cours** course; **au — de** in the course of, during

cours, court *see* **courir**

le **courtisan** courtier

le **couteau, –x** knife

coûter cost; **— cher** cost a lot, be expensive

la **coutume** custom; **comme de —** as usual

coutumier, –ière customary

couvert, –e *see* **couvrir**

le **couvert** cover; the plate, glass, knife, fork, spoon, etc., of each one at the table

la **couverture** cover

couvrir (de) cover (with)

Indicatif:
Prés. **je couvre, tu couvres, il couvre, nous couvrons, vous couvrez, ils couvrent**
Imp. **je couvrais,** etc.
Passé
indéf. **j'ai couvert,** etc.
Fut. **je couvrirai,** etc.
Cond. **je couvrirais,** etc.
Impératif:
　　couvre, couvrons, couvrez
Participes:
　　couvrant, couvert

la **cravate** tie, cravat

creuser hollow (out), deepen

crevé, –ée *past part. of* **crever**

crever burst, split (open), puncture

le **cri** cry, shout, call, shriek

criant *pres. part. of* **crier**

crier cry (out), call (out), shout

criera *fut. 3rd sing. of* **crier**

le **criminel** criminal

crions *imperative 1st pl. of* **crier**

critiqué, –ée *past part. of* **critiquer**

critiquer criticize

le **crochet** hook; (*plur.*) knot, dosser, frame (*for carrying load*)

croient *see* **croire**

croire believe; **croyez-moi** believe me, take my word for it; **sans trop y —** without having too much faith in it (them); **faire — que** cause it to be believed that

Indicatif:
Prés. **je crois, tu crois, il croit, nous croyons, vous croyez, ils croient**
Imp. **je croyais,** etc.
Passé
Indéf. **j'ai cru,** etc.

Fut. **je croirai,** etc.
Cond. **je croirais,** etc.
Impératif:
    crois, croyons, croyez
Participes:
    croyant, cru

crois, croit *see* **croire**

croiser cross; meet, pass

croquant *pres. part. of* **croquer**

croquer gobble up

croyez *see* **croire**

cruel, –elle cruel

cueillir gather, pick

le **cuir** leather

la **cuisine** kitchen

la **cure** cure

le **curé** (parish-)priest

curieux, –ieuse curious, inquisitive; (*noun*) curious (inquisitive) person

D

la **dame** lady

le **danger** danger

dangereux, –euse dangerous

dans in, to, into, at; **— quelques années** in (= at the end of) a few years

danser dance

dansera *fut. ind. 3rd sing. of* **danser**

le **danseur** dancer

la **date** date

la **datte** date (*fruit*)

Daudet, Alphonse French novelist (1840–1897)

davantage more, any more

de of, about, from, by, with, for, than; (*after a superlative*) in; (*before inf.*) to; (*as a sign of the partitive, without prepositional meaning*) some, any, *expressed or understood; particle used with a proper name, indicating noble birth; see* **libre, que, quoi**

le **début** beginning

décamper make off, run away, clear out

déchiré, –ée torn

décidé, –ée *past part. of* **décider**

décidément decidedly

décident *pres. ind. 3rd pl. of* **décider**

décider (de) decide (to); **se —** à make up one's mind, decide (to)

la **décision** decision; **prendre une —** reach a decision, make up one's mind

déclarer declare, announce, propose, pronounce; **se —** break out

la **décoration** decoration, medal, order

la **découverte** discovery

découvrir (*conj. like* **couvrir**) uncover; discover

décrire (*conj. like* **écrire**) describe

décrocher unhook; take off the receiver (of the telephone)

le **dédain** disdain, scorn

dedans inside, in (it, them)

le **défaut** deficiency; fault, defect

défendez *pres. ind. and imperative 2nd pl. of* **défendre**

défendre defend; **se —** defend oneself

défini, –e definite

définir define

le **dégoût** disgust, distaste, dislike

le **degré** step

dehors out(side); in the open

déjà already

le **déjeuner** lunch; breakfast; **petit —** breakfast

déjeuner have lunch; have breakfast; **bien —** have a good lunch, etc.

délicieux, –ieuse delicious, delightful

délirer be delirious

demain tomorrow; **à —** good-bye till tomorrow; *see* **matin**

demandé, –ée *past part. of* **demander**

demander (de) ask (to),

ask for; **il demande à
(son compagnon)** he
asks (of); — **à** + *inf.*
ask (permission) to; **se**
— wonder, ask oneself;
see **reste**

la **demeure** dwelling-place,
home

demeurer live, reside

une **demi-heure** half an hour

la **demoiselle** young lady

démolir demolish, pull
(tear) down

démolirons *fut. ind. 1st
pl.* of **démolir**

démolissant *pres. part. of*
démolir

dépêcher dispatch; **se** —
hurry; **dépêche-toi**
hurry up

la **dépense** expense, expen-
diture

déplorable deplorable

déposer lay down (aside)

depuis since, for; **il est
au lit — huit jour s**
he has been in bed for a
week; **il n'a pas mangé
depuis une semaine**
he hasn't eaten for a
week; — . . . **jusqu'à**
. . . from . . . to (till) . . . ;
— **que** since; — **que je
suis né, je me repose**
ever since I was born, I
have been resting

déranger disturb, intrude
upon, interfere with

dernier, –ière last, latest;

le — the last (one); **ce** —
the latter

dérouler unroll

derrière behind; (*noun*)
m. back, rear; (**patte**)
de — hind

des = **de** + **les** (*art.*)

dès since, as early as, no
later than; — **son ar-
rivée** the minute he
(she) arrived

désagréable disagreeable,
unpleasant

descend *pres. ind. 3rd
sing. of* **descendre**

descendre [dɛsɑ̃:dr *or* de-]
descend, go (come, get)
down (out); let down
(out)

la **descente** descent; — **de
lit** bed-side rug

désert, –e deserted, empty

désespéré, –ée desperate

désigner designate, indicate, point out; appoint;
— **du doigt** point at
(out)

désirer desire

désireras *fut. ind. 2nd
sing. of* **désirer**

désirez *pres. ind. 2nd pl.
of* **désirer**

désirons *pres. ind. 1st pl.
of* **désirer**

désormais henceforth,
from now on

le **dessert** [desɛ:r] dessert

dessus [desy] above, over,
on it (them)

la **destination** destination;
à — de bound for
la **destruction** destruction
le **détail, –s** detail
le **détective** detective; *see*
apprenti
détestable detestable;
bad, wretched
le **détour** detour, round-
about way
détruire destroy, ruin
détruit, –e *past part. of*
détruire
deux two; — **fois** two
times, twice; **Joseph II**
Joseph the Second;
tous (les) — both
deuxième [døzjɛm] second
devait *see* **devoir**
devant before (*of place*),
in front of, in(to) the
presence of; (*noun*) *m.*
front; **le pied gauche
de** — the left fore-foot
devenir (*conj. like* **venir**)
become; **je deviens
fou** I'm going insane;
see **voilà**
devenu, –e *see* **devenir**
devez *see* **devoir**
deviens, devient *see* **devenir**
deviner guess
le **devoir** duty; exercise,
home-work
devoir owe; **il devait
être excellent** it must
have been excellent; **il
devait payer** he had to
pay (for); **où dois-je**

vous conduire? where
must (shall) I drive you,
am I to drive you?
elle doit être célèbre
she must be famous;
il a dû (le composer)
he must have; **on a dû
(couper)** they had to;
que devrai-je faire?
what shall (must) I do?;
elle doit porter she
must wear; **vous devez
vous tromper** you
must be mistaken; **que
tu dois (garder)** that
it is your duty to; **
où elle doit passer**
where it is to pass; **il
doit y avoir** there must
be

Indicatif:
Prés. **je dois, tu dois,
il doit, nous
devons, vous
devez, ils doi-
vent**
Imp. **je devais,** etc.
Passé
Indéf. **j'ai dû,** etc.
Fut. **je devrai,** etc.
Cond. **je devrais,** etc.
Impératif (manque)
Participes:
devant, dû

devrai *see* **devoir**
le **diable** devil; **que** — !
after all!
le **diamant** [djamɑ̃] dia-
mond

le **dictateur** dictator
dicter dictate
Dieu, –x *m.* God; **le bon
— God
différent, –e** different
difficile difficult
la **difficulté** difficulty
dignement with dignity
la **diligence** diligence; dispatch; (stage-)coach
le **dimanche** Sunday; **tous
les — s** every Sunday
le **dîner** dinner
dîner dine, have dinner
le **dîneur** diner
dira, diras, dirait *see*
dire
dire say, tell; **ce qu'il dit**
what he is saying, talking about; **on dirait**
one (you) would think

Indicatif:
PRÉS. **je dis, tu dis,
il dit, nous
disons, vous
dites, ils disent**
IMP. **je disais,** etc.
PASSÉ
INDÉF. **j'ai dit,** etc.
FUT. **je dirai,** etc.
COND. **je dirais,** etc.
Impératif:
**dis, disons,
dites**
Participes:
disant, dit

le **directeur** director, manager

la **direction** direction; management
dirigeant *pres. part. of*
diriger
diriger direct; **se — vers**
make one's way towards, make for
dis, disait *see* **dire**
le **discours** discourse, talk,
speech
la **discussion** discussion
discuter discuss, question
disent *see* **dire**
disparaît *pres. ind. 3rd
sing. of* **disparaître**
disparaître disappear,
vanish
disparu, –e *past part. o*
disparaître
la **disposition** disposition,
disposal; **je le mets à
votre —** I place it at
your disposal
la **dispute** quarrel
disputer dispute, quarrel;
se — (pour) quarrel,
argue (over)
dissimuler hide, conceal;
se — hide
distingué, –ée distinguished, eminent
distinguer distinguish,
make out
distraitement listlessly,
absent-mindedly
dit; dit, –e; dites *see*
dire
divers, –es (*plur.*) different, various
diviser divide

dix ten; **dix-huit** [dizɥit] eighteen; **dix-neuf** [diznœf] nineteen

le **docteur** doctor

le **doigt** [dwa] finger; *see* **désigner**

dois, doit *see* **devoir**

doivent *see* **devoir**

le **dollar** dollar

domestique [dɔmɛstik] domestic; (*noun*) servant

donc therefore, so, then, consequently; (*with imperative*) just, do; *see* **où**

donne *pres. ind. 1st and 3rd sing., imperative 2nd sing., of* **donner**

donné, -ée *past part. of* **donner**

donner give; **pourquoi lui avoir donné . . .** why give him . . . (*literally:* have given); **— sur** look out on

donnerai, donnera *fut. ind. 1st and 3rd sing. of* **donner**

donnez *pres. ind. and imperative 2nd pl. of* **donner**

dormir sleep

dors, dort *pres. ind. 1st and 3rd sing. of* **dormir**

le **dos** [do] back; **le — courbé** their (his, her) back(s) bent

le **dossier** [dosje] file, documents

la **dot** [dot) dowry

doucement sweetly; gently; softly; tranquilly; quietly; slowly

la **douceur** sweetness, pleasantness, indulgence, gentleness

la **douleur** pain

le **doute** doubt; **sans —** no doubt, probably

doux, douce sweet; gentle, mild

le **drap** cloth

droit, -e right; **la droite** (*noun*) right(-hand) side; **à —** to (on) the right

le **droit** right, privilege

du = **de + le** (*art.*)

dû, due *see* **devoir**

dur, -e hard; tough; (*adv.*) **dur** hard; **travailler —** work hard

le **durcissement** hardening, setting

durera *fut. ind. 3rd sing. of* **durer**

durer last (for)

E

une **eau, -x** water

un **échange** exchange, return

échapper (**à**) escape (from); **s' — (de)** escape (from)

une **échelle** ladder; **— de corde** rope-ladder

un **éclair** (flash of) lightning

éclaircir clear (up)

un **éclat** splinter; flash
éclaté, –ée *past part. of*
éclater
éclater split, burst; — **de
rire** burst out laughing
un **écolier** schoolboy, pupil
écoulent *pr. ind. 3rd pl.
of* **écouler**
écouler dispose of; **s'** —
elapse, pass
écoute *pres. ind. 1st and
3rd sing. and imperative
2nd sing. of* **écouter**
écouter listen (to)
écoutez *imperative 2nd pl.
of* **écouter**
un **écran** screen
écrasait *imp. ind. 3rd
sing. of* **écraser**
écraser crush
écrier: **s'—** cry (out);
exclaim
écrire write

Indicatif:

PRÉS. **j'écris, tu écris,
il écrit, nous
écrivons, vous
écrivez, ils
écrivent**
IMP. **j'écrivais,** etc.
PASSÉ
INDÉF. **j'ai écrit,** etc.
FUT. **j'écrirai,** etc.
COND. **j'écrirais,** etc.
Impératif:
**écris, écrivons,
écrivez**
Participes:
écrivant, écrit

écrit *see* **écrire**
une **écurie** stable *(for horses)*
une **édition** edition
un **effet** effect; **en** — indeed,
in fact, so there is
(are), so it is, so he does,
sure enough
efficace effective
un **effort** [efɔːr] effort; **ses
—s pour + *inf.*** his
efforts to
effrayant, –e frightful,
terrifying
effrayer frighten
également equally; also,
likewise
une **électricité** electricity
électrique electric(al)
élève *pres. ind. 3rd sing.
of* **élever**
un **élève** pupil
élevé, –ée high, high up
élever raise; **s'—** rise;
s'— à come to
élire *(conj. like* **lire***)* elect
elle, –s she, her, herself,
it; they, them; **elle-
même** herself, itself
éloigner remove, keep
away; **s'—** retire, withdraw, disappear
élu, –e *see* **élire**
un **embarras** embarrassment
embarrassé, –ée embarrassed, puzzled
une **émission** emission, broad-
cast(ing)
emmènent *pres. ind. 3rd
pl. of* **emmener**

emmener [ãmne] take (away)

emmenez *pres. ind. and imperative 2nd pl. of* **emmener**

emparer: s'— **de** take possession of, seize

empêchent *pres. ind. 3rd pl. of* **empêcher**

empêcher (**de**) prevent, hinder, keep (from)

empêcherons *fut. ind. 1st pl. of* **empêcher**

un **empereur** emperor

un **employé,** une **employée** employee

empoisonner poison

emportant *pres. part of* **emporter**

emportent *pres. ind. 3rd pl. of* **emporter**

emporter carry (take) away, carry

empresser: s'— hurry; **s'— de** + *inf.* hasten to

en (*prep.*) in, into, to; (*with gerund*) in, on, by, when, while; **— trois jours** in three days (*time required*); *see* **tout**

en (*pron. and adv.*) of it (them), with it (them), from it (them), for it (them); from there; some; **t'— apprendre un autre** teach you another one; **vous — avez de très beau** you have some that's very fine; *see* **être**

un **enchantement** enchantment, magic

encore still, yet; again; *see* **fois, il**

endormi, –e *past part. of* **endormir**

endormir put to sleep; anaesthetize; **s'—** go to sleep

endort *pres. ind. 3rd sing. of* **endormir**

un **endroit** place, part; **à l'— où** in the place where

un(e) **enfant** child; boy; girl

enfermé, –ée *past part. of* **enfermer**

enfermer shut in (up)

enfin finally

enflé, –ée swollen

enfler swell

enfuir: s'— flee, run away, escape

enfuit *pres. ind. 3rd sing. of* **enfuir**

un **engagement** engagement, promise, contract

engager engage; **— la conversation avec** enter into conversation with; **s'— à** + *inf.* promise, agree to

engagez *pres. ind. 2nd pl. of* **engager**

enjamber straddle, span

enlever remove

un **ennemi** enemy ; *see* **mieux**

un **ennui** [ãnɥi] worry

ennuyé, –ée [ãnɥije] annoyed, vexed, worried; bored

ennuyeux, –euse [ɑ̃nɥijø, -ø:z] boring, dull, tiresome

énorme enormous, huge, tremendous

énormément enormously, a great deal

enrouler wind, roll up

enseignant, –e teaching

ensemble (*adv.*) together

ensuite then, after(wards)

entend *pres. ind. 3rd sing. of* **entendre**

entendait *imp. ind. 3rd sing. of* **entendre**

entendez *pres. ind. 2nd pl. of* **entendre**

entendre hear; understand; **il a entendu dire** he heard (it said); **je l'ai entendu jouer** I've heard him play; **bien entendu** of course, certainly; — **parler de** hear of

entends *pres. ind. 1st sing. of* **entendre**

entendu, –e *past part. of* **entendre**

un **enthousiasme** enthusiasm

entier, –ière entire, whole

entonner begin to sing, strike up

un **entr'acte** interval, intermission

entre between, among; —

(les mains) in(to); **un seul d'—** **les candidats** a single one of the candidates

entre *pres. ind. 3rd sing. of* **entrer**

une **entrée** entry, entrance

entrent *pres. ind. 3rd pl. of* **entrer**

entreprendre (*conj. like* **prendre**) undertake; contract

entrepris, –e *see* **entreprendre**

entrer (dans) enter, go (come) in(to)

entrez *imperative 2nd pl. of* **entrer**

entrons *imperative 1st pl of* **entrer**

une **enveloppe** envelope

enverrai *see* **envoyer**

envers toward, to

une **envie** desire

environner surround

les **environs** *m.* neighbourhood, vicinity, outskirts

envoyé, –ée *see* **envoyer**

envoyer send; **j'enverrai un messager le chercher** I'll send someone for it

Indicatif:

PRÉS. **j'envoie, tu envoies, il envoie, nous envoyons, vous envoyez, ils envoient**

IMP. **j'envoyais**, etc.
PASSÉ
INDÉF. **j'ai envoyé**, etc.
FUT. **j'enverrai**, etc.
COND. **j'enverrais**, etc.
   Impératif:
      envoie, envoy-
      ons, envoyez
   Participes:
      envoyant,
      envoyé

envoyez *see* **envoyer**
envoyons *see* **envoyer**
épais, –aisse thick
épaissir thicken; **s'—**
   thicken
épaissit *pres. ind. 3rd
   sing. of* **épaissir**
épargner spare
une **épaule** shoulder
une **épave** wreck, piece of
   wreckage
épouser marry
épouvantable dreadful
épuisé, –ée exhausted
une **équitation** equitation,
   (horseback) riding
es *see* **être**
escalader scale, climb
un **escalier** staircase, stairs
une **escalope** cutlet
un **escargot** [ɛskargo] snail
un **escroc** [ɛskro] swindler,
   crook
espacer space; **toutes
   également espacées**
   all the same distance
   apart
un **espoir** hope

essaie *pres. ind. 3rd sing.
   of* **essayer**
essayer (de) try, attempt
   (to)
essayez *pres. ind. 2nd pl.
   of* **essayer**
est *see* **être**; *see* **n'est-ce
   pas?**
un **estomac** [ɛstɔma]stomach
une **estrade** dais, platform
et (–t *never pron.*) and;
   et vous? do you?; **et
   cette tarte?** what about
   that tart?
un **établissement** establish-
   ment
un **étage** floor, story; **au
   premier —** one flight
   up, on the second floor
étais, était, étaient *see*
   être
une **étape** distance (between
   two places of rest),
   stage; stop
un **état** state, condition
les **États-Unis** *m.* the United
   States (of America);
   aux— in (to) the United
   States
été *see* **être**
éteindre put out, extin-
   guish
éteint *pres. ind. 3rd sing.
   of* **éteindre**
étend *pres. ind. 3rd sing.
   of* **étendre**
étendre extend, stretch
   (out); **s'—** lie down at
   full length

étendu, –e *past part. of*
étendre
êtes *see* **être**
étiez *see* **être**
étonnant, –e astonishing,
wonderful
un **étonnement** astonishment, surprise
étonner astonish, surprise; **cela m'étonne
de toi** you surprise me,
that surprises me com-
ing from you; **s'—** be
astonished, surprised
étrange strange, odd
étranger, –ère foreign;
from out of town, from
away
un **être** being, creature
être be; (*as auxiliary
verb*) have; **—** **à** belong
to; **c'est à toi (d'y
aller)** it's your turn; **—
militaire** be a soldier
(military man); **où en
est mon affaire?** how
far has my affair got?
how is my case getting
on?; **est-ce que vous
avez . . . ?** have you
. . .?; *see* **n'est-ce pas?**

Indicatif:
PRÉS. **je suis, tu es, il
est, nous som-
mes, vous êtes,
ils sont**
IMP. **j'étais,** etc.
PASSÉ
INDÉF. **j'ai été,** etc.

FUT. **je serai,** etc.
COND. **je serais,** etc.
Impératif:
**sois, soyons,
soyez**
Participes:
étant, été

étroit, –e narrow
un **étudiant** student (*man*)
une **étudiante** student (*woman*)
étudier study, go into
eu, –e [y] *see* **avoir**
Europe *f.* Europe; **en—**
in Europe
eux they, them; **ils sont
— aussi** they too are
évanouir: s'— faint;
évanoui in a faint,
swoon
une **évasion** escape, flight
un **événement** [evɛnmɑ̃]
event, incident
évidemment [evidamɑ̃]
evidently, obviously; of
course
évident, –e evident, obvious, clear
exact, –e exact; right,
correct
exactement exactly; correctly
examiner [ɛgzamine] examine
exaucer grant, fulfil
excellent, –e excellent
exclamer: s'— exclaim;
protest

une **excuse** excuse, apology; *see* **confondre**

excuser excuse; **s'**— excuse oneself, apologize

excusez *imperative 2nd pl. of* **excuser**

exécuter execute, perform, carry out; **s'**— comply

un **exemple** example

exiger demand, insist upon

exigez *pres. ind. 2nd pl. of* **exiger**

une **explication** explanation, account

explique *pres. ind. 3rd sing. and imperative 2nd sing. of* **expliquer**

expliquer explain; **s'**— understand

expliquez *imperative and pres. ind. 2nd pl. of* **expliquer**

une **explosion** explosion

exposer expose, state, tell of

exprimer express

un **extérieur** exterior, outside

extraordinaire extraordinary

F

le **fabliau**, —**aux** fabliau, short tale in verse

la **face** face; — **à** — (**avec**) face to face (with)

facilement easily, readily

faible feeble, weak, faint

la **faim** hunger; **avoir** — be (feel) hungry

faire make, do, have; say, go; — (**un excellent déjeuner**) have; — **faire quelque chose** have something done; **vous m'avez fait appeler?** you had me called? you sent for me?; — + *inf.* make, cause to; **fait ouvrir la bouche à Alfred** has Alfred open his mouth; **il n'y a plus rien à** — there's no longer any help for it; **comment avez-vous fait?** how did you manage?; — (**une communication**) give; (*weather*) **il fait frais** it is cool; *see* **croire, orage, pourquoi, promenade, retourner, visite**

Indicatif:

PRÉS. **je fais, tu fais, il fait, nous faisons** [fəzɔ̃], **vous faites, ils font**

IMP. **je faisais** [fəzɛ], etc.

PASSÉ

INDÉF. **j'ai fait,** etc.

FUT. **je ferai,** etc.

COND. **je ferais,** etc.

Impératif:
fais, faisons
[fəzɔ̃], **faites**
Participes:
faisant [fəzɑ̃],
fait

fais *see* **faire**
faisait [fəzɛ] *see* **faire**
le **faisan** pheasant
faisons [fəzɔ̃] *see* **faire**
fait, −e *see* **faire**
fait, faites *see* **faire**
fallait *see* **falloir**
falloir be necessary; **il faut travailler** it is necessary to work, I (you, he, she, we, they) must work; **faut-il (les tuer?)** shall we ...?; **combien vous en faut-il?** how much (of it) do you want (need)?; **il fallait (le dire)** you (etc.) should have

Indicatif:
Prés. **il faut**
Imp. **il fallait**
Passé
Indéf. **il a fallu**
Fut. **il faudra**
Cond. **il faudrait**
Impératif (manque)
Participes:
—, fallu

fameux, −euse famous; precious
la **famille** family
la **fanfare** (brass) band

la **farce** farce, (practical) joke, trick
le **fardeau, −x** burden, load
la **farine** flour
fatigant, −e tiring, fatiguing
la **fatigue** fatigue, weariness
fatigué, −ée tired
faudra *see* **falloir**
faut *see* **falloir**
le **fauteuil, −s** (easy) chair, arm-chair
faux, fausse false, untrue
la **faveur** favour
favorable (à) favourable (to)
favori, −ite favourite
favoriser favour, be favourable to
la **félicitation** congratulation
féliciter congratulate, compliment
la **femme** [fam] woman; wife
la **fenêtre** window
le **fer** iron; — **(à cheval)** horseshoe
fera *see* **faire**
feriez *see* **faire**
la **ferme** farm; farm-house
fermer close, shut; **se—** close, shut; *see* **clef**
la **fête** feast, festival
le **feu, −x** fire
la **feuille** leaf
fiancé, −ée engaged, betrothed; (*noun*) fiancé(e), intended

fier, –ère [fjɛːr] proud
la **figue** fig
le **figuier** fig-tree
figurer figure, appear
la **file** file, line
filer clear out
le **filet** (small) thread
la **fille** daughter; **jeune —** girl, young woman
le **film** film
filmer film
le **filou, –s** thief; swindler
le **fils** [fis] son
la **fin** end; **à la —** at last
fini, –e *past part. of* **finir**
finir finish; **— de le faire** finish doing it; **— par appeler** finish by calling, finally call; **c'est fini** that's all over
finissent *pres. ind. 3rd pl. of* **finir**
finit *pres. ind. 3rd sing. of* **finir**
fit *past definite 3rd sing. of* **faire,** = a fait
flasque flabby, limp
flotter float
la **fois** time; **pour la dernière —** for the last time; **deux — plus important que** twice as large as, two times larger than; **encore une —** once again (more); **une — arrivé** when he had (once) arrived; **chaque(toutes les) — que** whenever

le **fond** bottom; back, far end; **à —** thoroughly
font *see* **faire**
la **force** force, strength
la **forêt** forest
la **forme** form
fort, –e strong; (*adv.*) **fort** very, extremely; loud; hard; *see* **bien**
fou, fol, folle; fous, folles insane, mad; foolish; **vous êtes fou** you're crazy
le **fou, –s** fool; lunatic; **— (du roi)** fool, jester
la **foule** crowd, throng
la **fourchette** fork
le **fourneau, –x** furnace; **— (de cuisine)** range, stove
fournir furnish, supply
fournit *pres. ind. 3rd sing. of* **fournir**
fragile fragile; frail, weak
fraîchement freshly, recently
frais, fraîche fresh, cool; *see* **faire**
les **frais** expenses; **à ses —** at his expense; **les — de justice** legal costs, expenses
le **franc** franc (*formerly worth about 20 cents, now worth about ¼ cent*)
français, –e French
la **France** France
franchi, –e *past part. of* **franchir**

franchir clear; cross

franchira *fut. ind. 3rd sing. of* **franchir**

frapper strike, bang, knock

frappez *pres. ind. and imperative 2nd pl. of* **frapper**

frémir shudder

frémit *pres. ind. 3rd sing. of* **frémir**

le **frère** brother

le **fripon** rogue

froid, –e cold; *(noun) m.* cold; **faire** — be cold *(of weather)*

le **fromage** cheese

froncer wrinkle; — **les sourcils** frown, scowl

le **front** forehead

la **frontière** frontier, border

frotter rub; **se** — **les mains** rub one's hands (together); **se** — rub

le **fruit** (piece of) fruit

la **fumée** smoke; steam, fume

furieux, –ieuse furious, infuriated

le **fusil** [fyzi] gun

G

le **gaffeur** blunderer

gagné, –ée *past part. of* **gagner**

gagner earn, win, make

gagnez *pres. ind. 2nd pl. of* **gagner**

gai, –e gay, cheerful

le **gaillard** jolly fellow; sly fellow

la **galerie** gallery, long room

le **galop** [galo] gallop(ing)

galoper gallop; *see* **cadavre**

le **garage** siding; garage

garantir guarantee, warrant

garantis *pres. ind. 1st sing. of* **garantir**

le **garde** keeper; guardsman

garder keep, guard, protect, tend; **se** — protect oneself, beware; **se** — **(bien) de** + *inf.* take care not to

la **gare** (railway) station

garé, –ée *past part. of* **garer**

garer park; put into the garage

garni, –e *past part. of* **garnir**

garnir furnish, provide, fill

gaspiller waste, squander

gauche left; **la** — *(noun)* left side; **à** — to (on) the left

le **géant** giant

gelé, –ée frozen

le **gendarme** gendarme, rural policeman *(the policeman in a city is an agent [de police] or a sergent de ville)*

la **gendarmerie** force of gendarmes, constabulary; headquarters, barracks; *see* **brigadier**

la **gêne** discomfort, embarrassment

gêné, –ée *past part. of* **gêner**

gêner cramp, crowd; inconvenience, embarrass

le **général, –aux** general

généreux, –euse generous

générique generic (*one of of the uses of the noun or article illustrated by* les hommes sont mortels)

le **génie** genie

le **genou, –x** knee; **se jeter à —x** drop on one's knees

le **genre** kind; race, family; gender

les **gens** *m.* (*but an attributive adj. immediately preceding usually has the fem. form*) people

gentil, –ille pretty, nice, kind

Georges *m.* George

le **geste** gesture; action

le **gibier** game, game-animal

la **glace** ice

glacial, –e; –als, –ales icy

glissé, –ée *past part. of* **glisser**

glisser slip

gonflé, –ée full

la **gorge** throat; gorge

le **goudron** tar, pitch

le **goût** taste; **avoir bon —** have good taste

goûter taste

la **goutte** drop

la **grâce** grace

le **grade** rank

le **grain** grain

grand, –e big, great, large; tall; **ouvrir la bouche toute — e** open one's mouth wide; *see* **uniforme**

le **grand-père** (*plur.* **grands-pères**) grandfather

gras, grasse fat

gratuit, –e free

les **gravats** *m.* (plaster) rubbish, screenings

gravement gravely, solemnly

grelotter (de) shake, shiver (with)

le **grenier** attic; **au —** in the attic

la **grimace** grimace, (wry) face

grimpent *pres. ind. 3rd pl. of* **grimper**

grimper climb (up)

gris, –e grey

gros, grosse big, stout, fat

grossir increase; put on weight

le **groupe** group

Gruyère town in Switzerland; **fromage de —** gruyere (cheese)

guéri, –e *past part. of* **guérir**

guérir cure

la **guerre** war; **en** — at war
la **gueule** mouth (*of animal*)
Guillaume *m.* William(s)
la **gymnastique** gymnastics

H

*The asterisk indicates
aspirate* h

*****ha!** ah! oh!
habile clever, skilful, capable, artful
une **habileté** ability, skill
habillé, –ée dressed, clad
habiller dress; **s'**— dress
un **habit** costume; coat; (*plur.*) clothes
un **habitant** inhabitant, resident
habitent *pres. ind. 3rd pl. of* **habiter**
habiter inhabit, live (in); — **à, dans** live in
une **habitude** habit; **d'**— usually; **comme d'**— as usual
habituel, –elle usual
le *****haricot** bean
le *****hasard** chance, luck; accident; **par** — by chance
*****hâtent** *pres. ind. 3rd pl. of* **hâter**
*****hâter** hasten, hurry; **se** — hasten, hurry
*****hausser** raise, lift; — **les épaules** shrug one's shoulders

*****haut, –e** high; tall; loud; — **de quelques centimètres** a few centimetres tall; **haut** (*adv.*) high; **tout** — aloud; — **les mains!** hands up!; *see* **voix**
le *****haut** height, top; **du** — **de** (from) up on; **avoir deux mètres de** — be two meters high, tall
*****hautain, –e** haughty
la *****hauteur** height; **à la** — **de** level with; **jusqu'à deux mètres de** — (up) to a height of two meters
hélas! [elɑs] alas!
une **herbe** plant; grass
le *****héros** hero
hésiter hesitate
une **heure** hour; time; **un quart d'**— a quarter of an hour; **dix** —**s du matin** ten o'clock in the morning; **tout à l'**— a few minutes ago, just now; **de bonne** — early
heureusement fortunately; — **que** (**le président ne vous entend pas**) fortunately
heureux, –euse happy, pleased
hier yesterday; — **soir** last night, yesterday evening
une **histoire** history; story, tale; affair, thing
un **hiver** [ivɛːr] winter; **en** —

in winter; **pour l'—**
for winter

*****hocher** shake; **— la tête**
shake one's head, nod

un **hommage** homage; **—s**
respects

un **homme** man

un **homonyme** homonym,
word pronounced like
another but having a
different meaning

honnête honest, honour-
able

une **honnêteté** honesty, in-
tegrity

un **honneur** honour

les **honoraires** *m.* fee(s), re-
tainer

honoré, –ée honoured

la *****honte** shame; **avoir —**
(de) be ashamed (to,
of)

*****hop!** up he goes! down he
goes!

une **horreur** horror, repug-
nance

horrible horrible

un **hôte** host; guest

un **hôtel** hotel; **— de ville**
town-hall; *see* **maître**

un **huissier** usher

*****huit** eight; **— jours** a
(one) week

humain, –e human

une **humeur** humour, temper;
être de mauvaise —
be in a bad humour,
out of sorts

humide damp, wet

*****hurler** howl, roar; bawl

I

un **iceberg** [isbɛrk] iceberg

ici here; **— Alfred** (*used in
telephoning*) this is
Alfred

une **idée** idea; **tu en as, de
belles —s!** fine ideas
you have!

idiot, –e idiotic

ignorer not know

il he, it; there; **il y a**
there is, there are; ago;
**il reste bien encore
quelques panthères**
there *are* a few panthers
left

ils they

imaginer imagine; **s'—**
fancy, think

imbiber soak; **imbibé
de** soaked in

immédiat, –e immediate

immédiatement im-
mediately

un **impératif** imperative

impérial, –e; –aux, –ales
imperial

imperturbable unruffled

impitoyable pitiless,
ruthless

impoli, –e impolite, rude

une **importance** importance,
consequence; **aucune—
!** that is unimportant!

important, –e important;
large

importer (*defective verb*)
matter; **n'importe qui**
any one (at all)

imposer impose, assign

impossible impossible

un **impôt** tax

imprudent, –e imprudent, rash

inadmissible unthinkable

un **incendie** fire, conflagration

incessant, –e incessant, unceasing

incliner bend; **s'—** bow

inconnu, –e unknown; (*noun*) stranger

incorrigible incorrigible

incroyable incredible

Inde *f.* India; **les —s** the Indies

indéfini, –e indefinite

indésirable undesirable

indiquer indicate, tell, show

inégal, –e; –aux, –ales unequal

infaillible infallible

infâme infamous, vile, wretched

inférieur, –eure lower

innocent, –e innocent, not guilty

inquiet, –iète restless; anxious, uneasy

une **inquiétude** anxiety

inscrire inscribe, write down

inscrit, –e *past part. of* **inscrire**

un **insigne** (*usually plur.*) mark, insignia

une **insistance** insistence;

avec — earnestly, insistently

insister insist

insolent, –e insolent

une **installation** installation, equipment

installer install; **s'—** settle (down), establish oneself

un **instant** moment, instant

une **instruction** instruction

un **instrument** instrument

insultait *imp. ind. 3rd sing. of* **insulter**

insulter insult, affront, treat with contempt

intelligent, –e intelligent

une **interdiction** prohibition, rule against

interdit, –e disconcerted, taken aback, confounded; forbidden

intéressant, –e interesting

un **intérieur** interior, inside; **à l'— de** inside

un **interlocuteur** interlocutor, questioner; **son —** the person with whom he was (is) speaking

un **intermède** interlude

interprète *pres. ind. 3rd sing. of* **interpréter**

interpréter interpret; render

interroger question, interrogate

interrompre interrupt

interrompt [ɛ̃tɛrɔ̃] *pres.*

ind. 3rd sing. of **inter-rompre**

un **intervalle** interval

intervenir (*conj. like* **venir**) intervene, break in

intervient *see* **intervenir**

invariablement invariably

invité, –ée *past part. of* **inviter**; (*noun*) guest

inviter (à) invite (to)

ironique ironical

irrégulier, –ière irregular

irriter irritate, annoy; **s'—** grow angry

isolé, –ée isolated, lonely

Italie *f.* Italy; **en —** in (to, into) Italy; **l'— du nord** northern Italy

un **italique** italic

ivre drunk, intoxicated

J

j' *see* **je**

jamais ever, never; **ne ... — never**

la **jambe** leg

le **jambon** ham

je I

Jean *m.* John

Jeannot *m.* Johnny, Jack

jeter throw, cast; **se —** throw oneself, drop, fall; *see* **patte**

jette, jettent *pres. ind. 3rd sing. and pl. of* **jeter**

le **jeu, –x** game

jeune young

la **jeunesse** youth

joli, –e pretty

jouer play; (*with game, sport*) **— à (un jeu)** play; (*a musical instrument*) **— de** play

jouir (de) enjoy

jouirai *fut. 1st sing. of* **jouir**

le **jour** day; **tous les —s** every day; **un —** one day; *see* **huit, quinze**

le **journal, –aux** journal, newspaper

la **journée** day

joyeusement joyfully

joyeux, –euse joyful

le **juge** judge; **Monsieur le — your Honour**

le **jugement** judgment, opinion, trial; **passer en —** be brought (come) up for trial

juger judge, decide

jurer swear

jusque as far as, up to, until, even; **jusqu'à** to, as far as, till, to the point of; *see* **au-dessus**

juste (*adj.*) just; right; (*adv.*) accurately; just; **tout —** exactly, precisely

la **justice** justice; law; *see* **attaquer, frais**

K

le **kilo(gramme)** kilogram (*= 2.2 pounds*)

le **kilomètre** kilometre (*= about ⅝ of a mile*)

L

l' *see* le, la

la the; her, it

là there; **par —** that way, through there

-là *see* ce (*adj.*)

là-dessous under (behind) that

La Fontaine, Jean de a great French poet, author of the *Fables* (1621–1695)

là-haut up there

laissé, –ée *past part. of* laisser

laisser let, allow; leave; **de t'être laissé tromper** to have let yourself be deceived

laissez *imperative 2nd plur. of* laisser

la **lampe** lamp; torch, flashlight

la **langue** tongue; **donner sa — au chat** give it up (*of riddle*, etc.)

le **lapin** rabbit

large broad, wide; — (*noun*) *m.* breadth; **avoir deux mètres de —** be two meters wide

la **laryngite** laryngitis

le the; him, it; so; **autant qu'il — pouvait** as much as he could

lèche *pres. ind. 3rd sing. of* lécher

lécher lick

la **leçon** lesson

la **lecture** reading; **donner — de** read out

légendaire legendary

léger, –ère light, nimble

légèrement slightly; lightly, nimbly

léguer (à) bequeath, leave (to)

le **lendemain** next day; **le — matin** the next morning, the morning after

lentement slowly

lequel, laquelle; lesquel(le)s (*pron.*) which, which one; **lequel?** what is it?

les the; them

lesquels *see* **lequel**

la **lettre** letter

leur (*plur.* **leurs**) (*adj.*) their

leur (*pron.*) to them

lève *pres. ind. 3rd sing. of* **lever**

lever lift, raise; **se —** get (stand) up, rise

la **lèvre** lip

la **liberté** liberty; **(re)mettre en —** set free

libre free; vacant, unoccupied; **une place de —** a vacant place

licencier dismiss, discharge

licencierons *fut. ind. 1st pl. of* **licencier**

le **lieu, –x** place; **s'il y a —** if (it is) necessary; **au — de** instead of

le **lieutenant** lieutenant
le **lion** lion
lire read

> *Indicatif:*
> PRÉS. **je lis, tu lis, il lit, nous lisons, vous lisez, ils lisent**
> IMP. **je lisais,** etc.
> PASSÉ
> INDÉF. **j'ai lu,** etc.
> FUT. **je lirai,** etc.
> COND. **je lirais,** etc.
> *Impératif:*
> **lis, lisons, lisez**
> *Participes:*
> **lisant, lu**

le **lit** bed; **au —** in bed
lit *see* **lire**
le **livre** book
la **livrée** livery; **sans —** out of livery
livrer deliver, hand over; **— passage à** admit
la **loi** law
loin **(de)** far (from); *(noun) m.* distance; **au — in** the distance
lointain, –e distant; *(noun) m.* distance; **dans le —** in the distance
Londres *usually f.* London
long, longue long; **— d'un mètre** a meter long
le **long** length; **le — de** along

longtemps long, a long time
lorsque when
louche suspicious, shady
loue *imperative 2nd sing. of* **louer**
louer hire; praise
lu, –e *see* **lire**
la **lueur** gleam, flash
lui he, him(self), it; to him, to her, to it; **lui-même** himself
la **lumière** light
le **lundi** Monday
le **lutin** elf, brownie, imp
le **lycée** secondary school; *lycée* (the *lycée* is state-supported; the *collège*, also a secondary school, is maintained by the municipality, sometimes by private funds; in both, the student reaches a more advanced grade of work than in our secondary schools)

M

m' *see* **me**
M. *abbreviation of* **monsieur**
madame, *pl.* **mesdames** *f.* madam, Mrs.; **— la belette** Mrs. Weasel; **— la présidente** madam, Mrs. X; **mesdames** ladies
le **magasin** (large) shop
magique magic(al)

magnifique magnificent, splendid

maigre thin; meagre, scanty, frugal

maigri, –e *past part. of* **maigrir**

maigrir grow thin, lose weight; — **de** (**dix kilos**) lose

la **main** hand; **à la** — in his (her) hand; *see* **tendre**

maintenant now

le **maire** mayor

mais but; why; — **non** not at all, why no, no indeed

la **maison** house; firm, company; place

le **maître** master; (*as title, now limited to lawyers*) Mr., *older term* master; —**d'hôtel** head waiter

la **maîtresse** mistress; — **de maison** mistress of the house

la **majesté** majesty; **Sa Majesté** His (Her) Majesty

mal badly; **pas trop** — pretty well; **plus** — worse

malade sick, ill

la **maladie** illness, sickness, disease

la **malchance** bad luck; **par** — by mischance, unfortunately

le **malfaiteur** malefactor, evil-doer

malgré in spite of

malhonnête dishonest

mangé, –ée *past part. of* **manger**

mangeais *imp. ind. 1st sing. of* **manger**

mangent *pres. ind. 3rd pl. of* **manger**

mangeons *pres. ind. and imperative 1st pl. of* **manger**

manger eat; **donner à** — (**à**) give something to eat (to); *see* **salle**

mangerons *fut. ind. 1st pl. of* **manger**

mangez *pres. ind. and imperative 2nd pl. of* **manger**

la **manière** manner, way

manifestement obviously, clearly

manquer lack; miss; *see* **ne**

le **manteau, –x** cloak, (over)-coat

le **maraîcher** market-gardener

le **marchand** merchant; — **de musique** dealer in music(al instruments)

la **marche** walk(ing)

marché, –ée *past part. of* **marcher**

marchent *pres. ind. 3rd pl. of* **marcher**

marcher walk

marchons *imperative 1st pl. of* **marcher**

le **mari** husband

marier give (unite) in marriage; **se —** marry, get married

la **marque** mark

le **mât** mast

le **matin** morning; **dix heures du —** ten o'clock in the morning; **un —** one morning; **lundi —** next Monday morning; **le —** in the morning; **demain —** tomorrow morning; *see* **lendemain**

maugréant *pres. part of* **maugréer**

maugréer fume, grumble

mauvais, –e bad, evil, poor

me me, to me; **— couper la jambe** cut off my leg

le **mécanicien** mechanic

la **mécanique** mechanism

mécontent, –e displeased, annoyed

le **médecin** doctor, physician

méditer meditate

la **méfiance** distrust, suspicion

meilleur, –e (*adj.*) better; **le —** the best; **mon — tissu** my best cloth

le **mélange** mixture

le **membre** member

même (*adj. and pron.*) same; (*adj. following the noun*) very; **lui-—**

himself, itself; **elle-—** herself, itself

même (*adv.*) even; in fact, indeed

menaçant, –e menacing, dangerous-looking

la **menace** threat, menace

menacer (de) threaten (to)

ménager save

le **mendiant** beggar

mendient *pres. ind. 3rd pl. of* **mendier**

mendier beg

mènent *pres. ind. 3rd pl. of* **mener**

mener lead, drive

la **menotte** handle; (*plur.*) handcuffs; **mettre les —s aux mains** (de) handcuff

le **menteur** liar

menti *past part. of* **mentir**

mentir lie

le **menu** menu

la **méprise** mistake

la **mer** [mɛɪr] sea

merci (*adv.*) thank you

mériter deserve

merveilleux, –euse marvellous

mes my

mesdames *see* **madame**

le **messager** messenger

messieurs *see* **monsieur**

messire *m.* [mɛsiːr] master (*archaic title of address*)

met *see* **mettre**
la **méthode** method
le **métier** trade, profession
le **mètre** metre (= *about* 3.28 feet)
mets *see* **mettre**
mettent *see* **mettre**
le **metteur** setter; — **en scène** producer
mettra *see* **mettre**
mettre put, put on, place; — **à la porte** put (turn) out (of doors, the door); **se** — go, get; **se** — **à** + *inf.* begin, start, set about; **se** — **en colère** get angry, lose one's temper; **se** — **à table** sit down at the table; *see* **accord**

Indicatif:
PRÉS. **je mets, tu mets, il met, nous mettons, vous mettez, ils mettent**
IMP. **je mettais,** etc.
PASSÉ
INDÉF. **j'ai mis,** etc.
FUT. **je mettrai,** etc.
COND. **je mettrais,** etc.
Impératif:
mets, mettons, mettez
Participes:
mettant, mis

la **meule** millstone
le **meunier** miller

meurent *see* **mourir**
Michel *m.* Michael
le **microphone** microphone
le **midi** noon; south; le **Midi** the South (of France)
le **mien, la mienne** mine, my own
la **miette** crumb; piece
mieux (*adv.*) better; le — (the) best; **tant** — so much the better; (*noun*) **tout est pour le mieux** everything is very good; **le** — **est ennemi du bien** leave well (enough) alone; *see* **valoir**
mil (one) thousand
le **milieu, -x** middle, midst; **au** — (**de**) in the middle (midst) (of); **par le** — at the middle
le **militaire** soldier, military man
mille [mil] (a, one) thousand; **cent** — (*may be written 100.000*) one hundred thousand
le **mille** [mil] mile
le **million** [miljɔ̃] million; **deux** —**s de francs** two million francs
mince thin
la **mine** appearance; **à la** — **très ennuyée** with a very annoyed appearance, who looks very annoyed

la **minoterie** flour-mill; — à **vapeur** steam mill

le **minuit** midnight, twelve o'clock (at night)

minuscule tiny, small

la **minute** minute

le **miracle** miracle

miraculeux, –euse miraculous

la **mission** mission, business

le **mistral** mistral (*a cold wind blowing from the north down the Rhone valley*)

moderne modern

modeste modest

moi I, me, to me; myself; —, **je pense** *I* think; — **aussi** so do I; **ce n'est pas moi qui suis venu** *I* didn't come

moins (*adv.*) less; (**le**) — least; **en** — **d'une heure** in less than an hour; (*noun*) **du** —, **au** — at least, at all events

le **mois** month

la **moitié** [mwatje] half; **ouvre la** — **d'un œil** half opens one eye

le **moment** moment; **à ce** — at that moment; **en (à) ce** — at the moment, (just) now; **au** — **où** when, just as; **au** — **de payer** (just) as he, etc., was about to pay, was paying

mon, ma, mes my

le **monde** world; **le** — **en-tier** the whole world; **dans le** — **entier** all the world over; **tout le** — everybody, everyone; **beaucoup de** — a great many people

le **monsieur** [məsjø], *pl.* **messieurs** [mɛsjø] gentleman, sir, Mr.; **Monsieur le juge** your Honour; **Monsieur le professeur** professor, sir; **Monsieur le maire** Mr. Mayor; — **désire?** what would you like, sir?; — **le commandant a-t-il bien déjeuné?** did you have a good lunch, Major?; — **(vous recevra)** Mr. X, the master

la **montagne** mountain

monté, –ée *past part.* of **monter**

montent *pres. ind. 3rd pl. of* **monter**

monter mount, go (come, get) up (in); ride

montrant *pres. part. of* **montrer**

Montréal *m.* [mɔ̃real] Montreal

montrer show; point at (out)

moquent *pr. ind. 3rd pl. of* **moquer**

moquer: **se** — joke; **se** — **de** make fun of, laugh at, trifle with; **vous vous moquez de moi**

you're not serious,
you're joking
moquez *pres. ind. 2nd pl.*
of **moquer**
la **moralité** moral
le **morceau,** **–x** piece, fragment
mord *pres. ind. 3rd sing.*
of **mordre**
mordre bite
mort, **–e** *see* **mourir;**
(*adj.*) dead
le **mot** word; note, line
le **mouchoir** handkerchief
moud *pres. ind. 3rd sing.*
of **moudre**
moudre grind
mouillé, **–ée** moist, wet
mouiller wet, moisten
le **moulin** mill; **—** **à vent**
windmill
moulu, **–e** *past part. of*
moudre
mourir die; **— pour —** if
I must die
Indicatif:
Prés. je **meurs,** tu
meurs, il
meurt, nous
mourons, vous
mourez, ils
meurent
Imp. je **mourais,** etc.
Passé
Indéf. je suis mort, etc.
Fut. je **mourrai,** etc.
Cond. je **mourrais,** etc.
Impératif:
meurs, mou-
rons, mourez

Participes:
mourant, mort

la **moustache** moustache;
whiskers (*of cat*)
le **mouton** sheep; **revenons**
à nos —s let's get
back to our sheep,
(*broader meaning, going*
back to this scene from
the Farce de Pathelin)
let's return to the subject, get back to the
point
le **mouvement** movement;
impulse, burst, start
le **moyen** means, method
muet, **–ette** dumb, mute,
speechless
municipal, **–e;** **–aux,**
–ales municipal
le **mur** wall
murmurer murmur,
whisper
la **musique** music
Musset, Alfred de
French poet and dramatist of the Romantic
Period (1810–1857)
le **mystère** mystery; *see*
sentir
mystérieux, **–ieuse** mysterious

N

n' *see* **ne**
naître be born; **je suis**
né I was born

Indicatif:
PRÉS. je nais, tu nais,
il naît, nous
naissons, vous
naissez, ils
naissent
IMP. je naissais, etc.
PASSÉ
INDÉF. je suis né, etc.
FUT. je naîtrai, etc.
COND. je naîtrais, etc.
Impératif:
nais, naissons,
naissez
Participes:
naissant, né
nasalisé, –ée nasalized
naturellement naturally,
of course
la **nausée** nausea; **avoir la
— feel squeamish
le **navire** ship
ne not; **ne . . . pas** not;
**il ne sait (comment
expliquer)** he doesn't
know; **ne . . . que** only;
**il ne nous manque
qu'un dessert** all we
need is a dessert; **ne . . .
ni . . . ni . . .** neither . . .
nor . . . ; (*pleonastic or
redundant*) (**plus têtu)
qu'elle ne pensait**
than she thought
né, née *see* **naître**
nécessaire necessary
le **négatif** negative
la **neige** snow
le **nerf** [nɛr(f)] (*In pl. the f is
always silent*) nerve

nerveux, –euse nervous
n'est-ce pas? isn't he?
aren't you? don't you?
doesn't he? etc.
neuf nine
neuf, neuve new
la **neutralité** neutrality
neutre neutral
New-York *f.* New York;
à — in (to, at) New
York
le **nez** nose; **sous le —** (**des
passagers**) before the
eyes
ni neither, nor; **ne . . . ni
. . . ni . . .** neither . . .
nor . . .
nier deny
niez *imperative 2nd pl. of*
nier
le **Noël** Christmas; **la (fête
de) —** Christmas; **à la
—** good-bye until
Christmas
noir, –e black, dark
le **nom** name; noun; **au —
de** in the name of, on
behalf of
nombreux, –euse numer-
ous
nommer name; appoint
non no; not; *see* **mais,
plus**
le **nord** north
normal, –e; –aux, –ales
normal
nos *see* **notre**
notable notable, eminent;
(*noun*) *m.* person of
distinction

le **notaire** notary

la **note** note

notre (*plur.* **nos**) our

nourrir (**avec, de**) feed (with, on)

la **nourriture** food

nous we, us, to us

nouveau, nouvel, nouvelle; nouveaux, nouvelles new, further, additional; **un — cadeau** another gift; **de nouveau** again

la **nouvelle** (piece of) news

noyer drown

le **nuage** cloud; puff of smoke

la **nuit** night; dark(ness); **faire —** be dark, grow dark; **cette —** tonight; last night

nul, nulle no, (not) any; **ne . . . —** no, not any

le **numéro** number

O

une **oasis** [oazis] oasis

obéi, –e *past part.* of **obéir**

obéir (à) obey; comply

obligé, –ée *past part.* of **obliger**

obliger (**de**) oblige (to)

obscur, –e [ɔpskyːr] dark

une **obscurité** [ɔpskyrite] darkness

observateur,   –trice [ɔpsɛrvatœːr,-tris] observant

observer [ɔpsɛrve] observe

obtenir [ɔptəniːr] (*conj. like* **tenir**) obtain, achieve, secure

obtiendra *see* **obtenir**

un **obus** [ɔby(ːs)] shell

occuper occupy, inhabit; **s'—** be (keep) busy

un **océan** ocean, sea

une **odeur** odour, smell

un **œil** (*plur.* **yeux**) eye; **coup d'—** glance; **elle a les yeux bleus** she has blue eyes

une **œuvre** work

offert, –e *see* **offrir**

officiel, –ielle official, formal

un **officier** officer

offre *see* **offrir**

offrir offer, present, furnish

Indicatif:
PRÉS. **j'offre, tu offres, il offre, nous offrons, vous offrez, ils offrent**
IMP. **j'offrais,** etc.
PASSÉ
INDÉF. **j'ai offert,** etc.
FUT. **j'offrirai,** etc.
COND. **j'offrirais,** etc.
Impératif:
offre,   offrons, offrez

Participes:
    offrant, offert
une **oie** goose
une **ombre** shadow, shade; **à
    l'— de** in the shade of
on one, we, you, they;
    on est en hiver it is
    winter; **on vient de
    nommer un nouveau
    président** a new presi-
    dent has just been ap-
    pointed
un **oncle** uncle
    ont *see* **avoir**
un **opéra** opera; opera-house
une **opération** operation,
    performance, plot
une **opératrice** operator
    or now
un **or** gold; *see* **silence**
un **orage** (thunder-)storm;
    il fait un — there is a
    thunder-storm
une **orange** orange
une **ordonnance** prescription
    ordonner order
un **ordre** order
une **oreille** ear; **j'ai l'— assez
    mauvaise** I have a
    rather bad ear (for
    music); **lever (l'—)**
    prick up
    organiser organise, ar-
    range
un **os** [ɔs], des **os** [o] bone
    oser dare
    ou or; **— (bien) . . .
    — (bien)** either . . . or
    où where; **où donc?**
    where is that?; **(au**

    moment) **où** when;
    d'où where . . . from,
    from where (which)
    oublie *pres. ind. 1st and
    3rd sing., imperative 2nd
    sing., of* **oublier**
    oublié, –ée *past part. of*
    oublier
    oublier (de) forget (to)
    oubliez *pres. ind. and
    imperative 2nd pl. of*
    oublier
    oui yes
    outre beyond; **en —**
    besides, moreover
    ouvert, –e *see* **ouvrir**
un **ouvrage** work
    ouvre *see* **ouvrir**
un **ouvrier** workman
    ouvrir open; **tu ouvriras
    les yeux** (you will)
    open your eyes; **s'—**
    open

    Indicatif:
    PRÉS. **j'ouvre, tu ou-
        vres, il ouvre,
        nous ouvrons,
        vous ouvrez,
        ils ouvrent**
    IMP. **j'ouvrais,** etc.
    PASSÉ
    INDÉF. **j'ai ouvert,** etc.
    FUT. **j'ouvrirai,** etc.
    COND. **j'ouvrirais,** etc.
    Impératif:
        **ouvre, ouvrons,
        ouvrez**
    Participes:
        ouvrant, ouvert
ouvriras *see* **ouvrir**

P

le **pain** bread
la **paix** peace, quiet
le **palais** palace
le **palmier** palm-tree
le **panier** basket, hamper
la **panthère** panther
le **papier** paper
le **paquebot** steamer, liner
par by, through; **dix heures — jour** ten hours a day; *see* **là, milieu**
le **paradis** paradise
paraît *pres. ind. 3rd sing. of* **paraître**
paraître appear
le **parapluie** umbrella
le **parc** [park] park, enclosure
parce que because
le **parchemin** parchment
parcourir (*conj. like* **courir**) travel through, cover
le **pardon** pardon, forgiveness; **—(!)** pardon, excuse me
le **pare-brise** (*invariable in plur.*) wind-shield
pareil, –eille alike, same; **c'est toujours —** it's always the same
le **parent** parent; relative
la **paresse** laziness, indolence
paresseux, –euse lazy, indolent
parfait, –e perfect

parfaitement perfectly, thoroughly, quite, very well
le **parfum** perfume, fragrance
parfumé, –ée *past part. of* **parfumer**
parfumer scent, make fragrant
Paris *m.* Paris
parlent *pres. ind. 3rd pl. of* **parler**
parler speak, talk, tell; **à vous — franchement** to speak to you frankly; *see* **entendre**
parlera, parlerez *fut. ind. 3rd sing. and 2nd pl. of* **parler**
parlez *pres. ind. and imperative 2nd pl. of* **parler**
parmi among
la **paroi** wall
la **parole** word; **prendre la —** begin to speak; **sur —** take my word for it
la **part** share; **quelque —** somewhere; **de la — de** from, on behalf of
part *see* **partir**
partager share
partent *see* **partir**
parti, –e *see* **partir**
particulièrement particularly
la **partie** part; **faire — de** be a member of, belong to
partir (de) depart, set out, go away (from),

leave; **parti** (which, who, had) departed, etc.

Indicatif:
PRÉS. **je pars, tu pars, il part, nous partons, vous partez, ils partent**
IMP. **je partais,** etc.
PASSÉ
INDÉF. **je suis parti,** etc.
FUT. **je partirai,** etc.
COND. **je partirais,** etc.
Impératif:
pars, partons, partez
Participes:
partant, parti

le **partitif** partitive
partout everywhere, on all sides
parvenir (à) (*conj. like* **venir**) arrive, reach; manage (to), succeed (in)
parviennent *see* **parvenir**
pas not; **ne . . . pas, ne pas** not; **— du tout** not at all; **pas encore** not yet
le **pas** step, threshold; **le — de sa porte** his doorstep
le **passage** passage; *see* **livrer**
le **passager** passenger
le **passant** passer-by
le **passé** past; **comme par le —** as in the past

passé, –ée *past part. of* **passer**
passent *pres. ind. 3rd pl. of* **passer**
passer pass (over), go, proceed; spend (*of time*); put through (*on the telephone*); **passons au-dessus de (la Suisse)** let's fly over; **— du temps à dormir** spend time sleeping; **se —** happen, take place; be laid; elapse, go by; **ce qui s'est passé** what happened; *see* **jugement**
passera *fut. ind. 3rd sing. of* **passer**
passez *pres. ind. 2nd pl. of* **passer**
passionnant, –e exciting, absorbing, interesting
passons *imperative 1st pl. of* **passer**
le **pâté** (meat) pie
la **pâtée** dog's (cat's) food; **une —** some food
Pathelin *m. character in a famous farce of the 15th century.* (*Because of the excellence and popularity of this farce,* patelin, –e *has become a common adj. and noun meaning* glib, wheedling, sly, hypocritical, *or a person having such characteristics.*)

patiemment [pasjamɑ̃]
patiently

la **patience** patience

patient, –e [pasjɑ̃, pasjɑ̃ːt]
(*adj. and noun*) patient

la **pâtisserie** pastry shop

le **pâtissier** pastry-cook

la **pâtissière** pastry-cook;
pastry-cook's wife

le **patron** patron; chief, boss

la **patte** paw, foot, leg;
jeter la — strike (out)

pauvre poor

le **pauvre** poor man; **les —s**
the poor

payer [pɛje] pay (for)

le **pays** [pe(j)i] country; region, locality, place

le **paysan** [peizɑ̃] peasant

la **peau, –x** skin; hide, fur

la **peine** pain; difficulty; **à —**
hardly, scarcely

pelé, –ée bald, hairless

penaud, –e crestfallen,
sheepish, shamefaced

pencher bend; **se —** lean

pendait *imp. ind. 3rd
sing. of* **pendre**

pendant during, for; **—
que** while

pendent *pres. ind. 3rd pl.
of* **pendre**

pendre hang; **— au plafond** hang from the
ceiling

pénètre, pénètrent *pres.
ind. 3rd sing. and pl. of*
pénétrer

pénétrer (dans) enter

pensait *imp. ind. 3rd
sing. of* **penser**

la **pensée** thought

pensent *pres. ind. 3rd pl.
of* **penser**

penser think; **— à** think
of (*turn one's mind to-
ward*); **vous n'y pensez
pas** you don't mean it,
you're not serious; **—
de** think of (*opinion*);
vous pensez que . . .
you may well suppose
that . . . ; **pensez-vous!**
what an idea!; **(il
pense) en lui-même**
to himself

penses *pres. ind. 2nd sing.
of* **penser**

pensez *pres. ind. 2nd pl.
of* **penser**

perdez *pres. ind. 2nd pl.
of* **perdre**

perdre destroy; lose;
waste; ruin

perdu, –e *past part. of*
perdre

le **père** father

permettez *see* **permettre**

permettre (*conj. like*
mettre) permit, allow;
**— à quelqu'un de
faire quelque chose**
let someone do some-
thing

la **permission** permission

perplexe perplexed, puzzled

le **perroquet** parrot

le **personnage** personage,
character; person

la **personne** person; **en —**
in person; **— m.** no-
body, no one, anybody;
ne . . . — nobody; **— ne**
nobody

personnel, –elle personal,
individual

persuadé, –ée convinced,
sure

pesait *imp. ind. 3rd sing.*
of **peser**

pèse *pres. ind. 3rd sing. of*
peser

pesé, –ée *past part. of*
peser

peser weigh

petit, –e little, small;
short

peu (de) little, few; **—**
(**nombreux**) not very;
un — (**de**) a little;
rather; **— de** (**viande**)
little, not much; **— à —**
gradually, by degrees

la **peur** fear; **avoir** (**grand',**
très) **—** be (very much)
afraid

peut *see* **pouvoir**

peut-être [pøtɛːtr] perhaps, possibly

peux *see* **pouvoir**

le **photographe** photo-
grapher

la **photographie** photo-
graph; **faire** (**une —**)
take

le **pianiste** pianist

le **piano** piano

la **pièce** piece; room; **—**
(**de monnaie**) coin

le **pied** foot; (**voyager**) **à —**
on foot; *see* **coup**

la **pierre** stone

le **piéton** [pjetɔ̃] pedestrian

le **pilote** pilot

la **pilule** pill

pis (*adv.*) worse; **tant —**
so much the worse

le **pistolet** pistol

la **pitié** [pitje] pity, mercy

la **place** place; (public)
square; stead; seat;
room, space; (**carrosse**)
à deux —s to hold two;
à sa — in its (proper)
place; instead (of it);
remettre en — replace

le **plafond** ceiling

plaider plead

le **plaideur** litigant

plaidez *pres. ind. and*
imperative 2nd pl. of
plaider

plaindre pity, be sorry
for; **se —** (**de**) complain
(about)

la **plaine** plain

plains *pres. ind. 1st sing.*
of **plaindre**

la **plainte** moan, groan

plaire (à) please; **s'il**
vous plaît (if you)
please

plaisantais *imp. ind. 1st*
sing. of **plaisanter**

plaisanter joke

la **plaisanterie** joke, prank

le **plaisir** pleasure; **avec —** with pleasure

plaît *pres. ind. 3rd sing. of* **plaire**

le **plan** plan

la **planche** board, plank

le **plat** dish (*container or contents*)

plein, –e (de) full (of), filled (with)

pleurer weep, cry, be in tears

pleuvoir rain

plonger plunge, thrust

plu *past part. of* **pleuvoir**

la **pluie** rain

la **plume** feather; pen, quill (-pen)

le **pluriel** plural

plus more; plus; **le —** (the) most; **— de** (**bonne volonté**) more; **le — de (grâce)** the most; **— grand** bigger; **le — grand** biggest; **ne . . . —** no more (longer), not any more, not now; **il n'y a — une place** there is no place left; **— que** more than; **— de +** *a numeral* more than; **de —** moreover, besides; **non — (not)** either, neither; **de — en —** more and more; **de — en — fort** louder and louder; *see* **bouger**

plusieurs several

plutôt sooner, rather

le **pneu, –s** [pnø] tire

la **poche** pocket

la **poésie** poetry

le **poète** poet

le **poids** [pwɑ] weight

le **poil** hair (*of animals, or on the body*), fur; coat

le **poing** [pwɛ̃] fist

le **point** [pwɛ̃] point; **sur le — de** on the point of, about to

la **pointe** point; **sur la — des pieds** on tiptoe

pointu, –e (sharp-) pointed

le **pois** pea

le **poisson** fish

poli, –e polite, courteous

la **police** police

policier, –ière relating to the police; **roman —** detective novel

poliment politely

la **politesse** politeness, courtesy

poltron, –onne timid

la **pomme** apple; **— de terre** potato; **purée de —s de terre** mashed potatoes

la **pompe** pomp, display

le **pont** bridge; deck

populaire popular

la **population** population

portant *pres. part of* **porter**

la **porte** door; gate; *see* **mettre**

porte *pres. ind. 3rd sing. of* **porter**

porté, –ée *past part. of* porter

la portée reach; **à sa —** within his reach

le portefeuille wallet

portent *pres ind. 3rd pl. of* porter

porter carry, take; wear; **se —** be (*of health*)

le porteur porter, carrier

la portière door (*of carriage, etc.*)

pose *pres. ind. 3rd sing. and imperative 2nd sing. of* poser

poser put; **— une question** ask (put) a question

possède *pres. ind. 3rd sing. of* posséder

posséder own, possess

la possession possession

possible possible; **comment est-ce — ?** how is that possible? how can that be done?

le poste post, appointment

le pot [po] pot

la potion potion, draught

le poulet chicken

le pouls [pu] pulse

pour for; (in order) to; **— un jeu idiot, c'est un jeu idiot!** that's *really* an idiotic game!; *see* mourir

le pourboire tip

pourchasser pursue

pourquoi why; **— faire?** what for? why do that?

pourrai, pourrais *see* pouvoir

pourr(i)ez *see* pouvoir

poursuit *pres. ind. 3rd sing. of* poursuivre

la poursuite pursuit; **à la — de** in pursuit of

poursuivre pursue, proceed, continue

pourvoir (de) provide (with)

pourvu, –e *past part. of* pourvoir

pousser push, urge on; utter, heave

la poussière dust

la poutre beam

pouvez *see* pouvoir

le pouvoir power

pouvoir can, be able, may
Indicatif:
PRÉS. je peux (puis), tu peux, il peut, nous pouvons, vous pouvez, ils peuvent
IMP. je pouvais, etc.
PASSÉ
INDÉF. j'ai pu, etc.
FUT. je pourrai, etc.
COND. je pourrais, etc.
Impératif: (manque)
Participes:
pouvant, pu

pouvons *see* pouvoir

le pré meadow

la précaution caution; **avec — ** cautiously

précipiter precipitate throw; **se — (sur, vers)**

rush, hurry, dash (to, at, towards)

précis, –e precise, exact

la **prédiction** prediction

premier, –ière first; (celui qui) l'occupe le — first occupies it, is the first to occupy it

prend *see* **prendre**

prendre take, assume, get; — quelque chose à quelqu'un take something from some one

Indicatif:

PRÉS. **je prends, tu prends, il prend, nous prenons, vous prenez, ils prennent**

IMP. **je prenais,** etc.

PASSÉ

INDÉF. **j'ai pris,** etc.

FUT. **je prendrai,** etc.

COND. **je prendrais,** etc.

Impératif:

prends, prenons, prenez

Participes:

prenant, pris

prenez *see* **prendre**

prennent *see* **prendre**

préparer prepare, make ready, get (ready); se — (à) prepare, make ready (to, for)

préparez *pres. ind. and imperative 2nd pl. of* **préparer**

près near; — **de** near, close to

présent, –e present; (*noun*) **le** — the present; **à** — (just) now

présenter present, offer; pay; introduce; **se** — present oneself, appear

le **président** president; presiding judge

la **présidente** president's wife

presque almost, nearly

la **presse** press

pressé, –ée pressed, in a hurry

prêt, –e (à) ready, prepared (to)

prévoir foresee

prévu, –e *past part. of* **prévoir**

prier (de) ask, request, beg (to)

le **prince** prince

pris, –e *see* **prendre**

la **prison** prison, jail; imprisonment; **en** — to (in) prison

le **prisonnier** prisoner

le **prix** [pri] price

le **procès** trial; case

prochain, –e next

proche (de) near; (*adv.*) near

produire produce; **se** — occur, take place

produisent *pres. ind. 3rd pl. of* **produire**

produit *pres. ind. 3rd sing. of* **produire**

profère *pres. ind. 3rd sing. of* **proférer**

proférer utter

le **professeur** professor, teacher

profond, –e deep, profound

profondément deeply, profoundly

le **programme** programme

le **progrès** [prɔgrɛ] progress

le **projet** plan

la **promenade** walk, drive; **faire une —** go for a walk, drive

promenait *imp. ind. 3rd sing. of* **promener**

promenant *pres. part. of* **promener**

promener take for a walk *or* drive; take; **se —** go for a walk *or* drive; **se — à pied** go for a walk

la **promesse** promise

promet, promets *see* **promettre**

promettre (*conj. like* **mettre**) promise

promis, –e *see* **promettre**

le **pronom** pronoun

prononce *pres. ind. 3rd sing. and imperative 2nd sing. of* **prononcer**

prononcer pronounce; **se —** be pronounced

proposer propose, suggest, move

proposez *pres. ind. 2nd pl. of* **proposer**

la **proposition** proposal, motion

le **propriétaire** proprietor, owner

la **propriété** property, estate

le **protectorat** protectorate

protester protest

protestez *pres. ind. and imperative 2nd pl. of* **protester**

prouvé, –ée *past part. of* **prouver**

prouver prove

la **Provence** Provence

la **province** province

la **provision** provision, supply

prudemment [prydamɑ̃] prudently, cautiously

prudent, –e prudent, discreet

le **public** public, audience

puis then

puis *see* **pouvoir**

puisque since, as

punir (de) punish (for)

punit *pres. ind. 3rd sing. of* **punir**

la **punition** punishment

la **purée** mash, purée, (thick) soup

Q

qu' *see* **que**

le **quai** (railway) platform

la **qualité** quality

quand when

quant à as for

quarante forty

le **quart** quarter

quatre four; **quatre-vingt(s)** eighty

quatre - vingt dix - neuf mille neuf cent quatre-vingt dix-neuf (99.999) 99,999

que (*conj.*) that; than, as; **ne . . . —** only; (*to repeat any conj. already expressed in the sentence*) (**comme on approche de la ville) et— la pluie continue** and (as) the rain is continuing; *see* **aussi, ne**

que (*interrogative*) what; **qu'avez-vous mangé de si bon?** what did you eat that was so good?; **qu'est-ce qui (ne va pas)?** what . . .?; **qu'est-ce que . . . ?** what . . . ?; (*exclamatory*) how; **qu'il est est difficile** how difficult it is

que (*relative*) whom, which, that; **ce doit être un terrible métier — celui de chasseur de lions** lion hunting must be a terrible profession; *see* **ce** (*pron.*), **tout** (*pron.*)

Québec *m.* Quebec

quel, quelle (*adj.*) which, what; who; **— + *noun*!** what (a) . . . !

quelque some, any, a few; **— chose** something, anything; **— chose de louche** something suspicious; *see* **part**

quelquefois sometimes

quelqu'un somebody, someone; anybody, anyone

la **question** question

questionner question, inquire

la **queue** tail

qui (*interrogative*) who, whom

qui (*relative*) who, which; *see* **ce** (*pron.*), **tout** (*pron.*)

quinze fifteen; **— jours** two weeks

quitte quit, free; **vous êtes —s** you are quits (with each other)

quitter leave

quoi what; **il n'y a pas de —** (*i.e.,* **de quoi me féliciter**) there is no reason, don't mention it

R

Rabelais, François a great writer of the French renaissance, born between 1483 and 1500, died in 1553

raconter tell, relate; **racontez-la-moi** tell me about it; **raconte** tell me about it

racontez *pres. ind. and imperative 2nd pl. of* **raconter**

la **radio** radio, wireless; **Radio - Canada** the Canadian Broadcasting Company

le **radio** radio operator

raidir stiffen; **se —** stiffen, become stiff

raidit *pres. ind. 3rd sing. of* **raidir**

la **raison** reason; **avoir —** be right

le **raisonnement** reasoning, argument

rajuster readjust, repair

ramasser pick (take) up

Raoul [raul] Ralph

rapide rapid, quick, fast, swift

rapidement rapidly, quickly

rappeler call again, call back; **— quelqu'un à lui** bring someone round

rappellerez *fut. 2nd pl. of* **rappeler**

rare rare, unusual

rasant *pres. part. of* **raser**

raser shave; hug (*a wall*)

rassasié, –iée satisfied, full

rassemblé, –ée *past part. of* **rassembler**

rassembler gather together

rassuré, –ée reassured

le **rat** rat

la **réaction** reaction

réaliser carry out; **se —** materialize, come true

recevant *pres. part. of* **recevoir**

recevoir receive

Indicatif:
PRÉS. **je reçois, tu reçois, il reçoit, nous recevons, vous recevez, ils reçoivent**
IMP. **je recevais,** etc.
PASSÉ
INDÉF. **j'ai reçu,** etc.
FUT. **je recevrai,** etc.
COND. **je recevrais,** etc.
Impératif:
reçois, recevons recevez
Participes:
recevant, reçu

recevra *see* **recevoir**

reçoit *see* **recevoir**

recoller paste (fasten) together again

recommencer begin (over) again

récompenser recompense, reward

reconnaît *see* **reconnaître**

reconnaître (*conj. like* **connaître**) recognize

recouvert, –e *see* **recouvrir**

recouvrir (de) (*conj. like* **couvrir**) cover (with); cover again (with)

le **recueillement** collectedness, (devout) meditation

le **rédacteur** staff-member (*of a newspaper*); — **en chef** editor

la **rédaction** (newspaper) office

redevenir become again

redevenu, –e *past part. of* **redevenir**

la **redingote** frock-coat

réellement really, actually

refermer close (again); **se** — close (up, again)

réfléchir (à) reflect (on); ponder, consider

réfléchit *pres. ind. 3rd sing. of* **réfléchir**

refuser (de) refuse, decline (to)

refuses *pres. ind. 2nd sing. of* **refuser**

regagnent *pres. ind. 3rd pl. of* **regagner**

regagner regain, return to, go back to

le **regard** look, glance, attention

regardant *pres. part. of* **regarder**

regardent *pres. ind. 3rd plur. of* **regarder**

regarder look (at)

le **régime** rule(s); diet

la **région** region, district

règne *pres. ind. 3rd sing. of* **régner**

régner reign, rule

regretter regret; **je regrette** (I'm) sorry

la **reine** queen

rejoindre rejoin, join

réjouir delight; **se** — rejoice, be delighted

réjouit *pres. ind. 3rd sing. of* **réjouir**

relatif, –**ive** relative

relève *pres. ind. 3rd sing. of* **relever**

relever lift again; **se** — get (stand) up again

relevez *pres. ind. and imperative 2nd pl. of* **relever**

remarquable remarkable

remarqué, –**ée** *past part. of* **remarquer**

remarquer remark, notice; **se faire** — attract attention

le **remède** remedy

remercier (de) thank (for)

remettrai *see* **remettre**

remettre (*conj. like* **mettre**) replace, hand (over), put (back); **je ne remettrai plus les pieds** . . . I shall never set foot again . . . ; *see* **liberté**

remis, –e *see* **remettre**

remonter go up again

remplacer replace

rempli, –e *past part. of* **remplir**

remplir (de) fill (with)

remuer move, stir

le **renard** fox

Renart *m.* Reynard (*a proper name given to the fox in the* Roman de Renart; *because of its popularity in the middle ages the ordinary French word for* fox *became* renard)

la **rencontre** meeting; **venir à la — de** (come to) meet

rencontré, –ée *past part. of* **rencontrer**

rencontrer meet; come upon

rende *pres. subjunctive 3rd sing. of* **rendre**

rendez *imperative and pres. ind. 2nd pl. of* **rendre**

le **rendez-vous** (*invariable in plur.*) rendezvous, appointment; place of meeting

rendormir put to sleep again; **se — go to sleep again**

rendre give back, render; (*with adj. in predicate*) make; **se — proceed**; *see* **compte, visite**

rendu, –e *past part. of* **rendre**

renouveler renew; repeat; **se — be repeated**

renouvelle *pres. ind. 3rd sing. of* **renouveler**

renouvellent *pres. ind. 3rd pl. of* **renouveler**

le **renseignement** particular, (piece of) information

le **rentier** person living on an (unearned) income

rentre *pres. ind. 1st and and 3rd sing., imperative 2nd sing., of* **rentrer**

rentré, –ée *past part. of* **rentrer**

rentrer (dans) re-enter, come (go) in again; **—(chez soi)** return home, come (go) (back) home

renverser overturn

renvoyer (*conj. like* **envoyer**) send (turn) away

répandre spread; **se — spread**

reparaît *pres. ind. 3rd sing. of* **reparaître**

reparaître reappear

réparer repair, mend

repart *see* **repartir**

repartir (*conj. like* **partir**) leave again

le **repas** meal

repasser go (come) by again, call again

répété, –ée *past part. of* **répéter**

répéter repeat

répliquer retort, answer (back), reply

répond *pres. ind. 3rd sing. of* **répondre**

répondrai *fut. ind. 1st sing. of* **répondre**

répondre answer, reply

réponds *imperative 2nd sing. of* **répondre**

répondu, –e *past part. of* **répondre**

la **réponse** answer, reply

le **reporter** [rɛpɔrtœːr *or* repɔrtɛːr] reporter

reposer replace; rest; se — rest, relax

reprend *pres. ind. 3rd sing. of* **reprendre**

reprendre (*conj. like* **prendre**) take again, take back; resume; — **le chemin de la ville** start back for the city

reprocher reproach; — **quelque chose à quelqu'un** reproach (accuse) someone for (of) something

reproduire reproduce; se — happen again

reproduit *pres. ind. 3rd sing. of* **reproduire**

repu, –e full, satiated (*past part. of* **repaître**, feed)

la **réputation** reputation

la **résignation** resignation, submissiveness

respectueusement [rɛspɛktɥøzmã] respectfully

la **respiration** respiration, breathing

respirer [rɛspire] breathe, breathe in

ressembler [rəsãble] (à) resemble, look like

ressort *pres. ind. 3rd sing. of* **ressortir**

ressortir [rəsɔrtiːr] come (go) out again

ressusciter resuscitate, bring back to life

le **restaurant** restaurant; **un — de la 57ème rue** a restaurant on 57th Street

le **reste** rest, remainder; **ne pas demander son —** not to wait for anything more

rester remain, stay; stand; *see* **il**

restera *fut. 3rd sing. of* **rester**

le **résultat** result, effect

le **retard** delay; **être en —** (**pour préparer**) be late (preparing)

retenir (*conj. like* **tenir**) retain, hold back

retentir sound, ring (out)

retentit *pres. ind. 3rd sing. of* **retentir**

retiendra *see* **retenir**

retirer withdraw, take out; **se — (de)** retire (from)

le **retour** return; **être de —** be back (again)

retournent *pres. ind. 3rd pl. of* **retourner**

retourner return, send back, go back; turn over; **se —** turn (round) (*a reflexive obj. pron.*

may be expressed or omitted after **faire**)

retournez *pres. ind. and imperative 2nd pl. of* **retourner**

retrouver find (again); (re)join; **ils ne retrouvent plus leur chemin** they can no longer find their way, they are lost

la **réunion** reunion, meeting

le **rêve** dream

réveiller wake (up), awake **se —** wake (up), awake

revenez *see* **revenir**

revenir (*conj. like* **venir**) return, come back

revenons *see* **revenir**

revenu, –e *see* **revenir**

reviendrai *see* **revenir**

revient, reviennent *see* **revenir**

revoir (*conj. like* **voir**) see again; (*noun*) *m.* **au —** good-bye

le **rez-de-chaussée** [redʃose] (*invariable in plur.*) ground floor

le **Rhône** the Rhone

riant *see* **rire**

ricanant *pres. part. of* **ricaner**

ricaner laugh unpleasantly, derisively, sneer,

riche rich

ridicule ridiculous

rien nothing, anything; **ne . . . —** , **ne — . . . ,**

— ne nothing, not anything

rire laugh; *see* **beau, éclater**

Indicatif:
PRÉS. je ris, tu ris, il rit, nous rions, vous riez, ils rient
IMP. je riais, nous riions, etc.
PASSÉ
INDÉF. j'ai ri, etc.
FUT. je rirai, etc.
COND. je rirais, etc.
Impératif:
ris, rions, riez
Participes:
riant, ri

le **risque** risk

rit *see* **rire**

la **rive** bank

la **rivière** river, stream

la **robe** dress

le **roi** king

le **roman** novel; (*medieval lit., as in the* Roman de Renart) romance

le **rond** ring, circle

ronronner purr

la **rosée** dew

le **rôti** roast

rôti, –e *past part. of* **rôtir**

rôtir roast; **faire —** roast

le **rôtisseur** caterer (*roast meats*); (*archaic*) eating-house proprietor

rouge red

rougir redden, blush

le **rouleau, –x** roll
le **roulement** roll
le **roussi** burning
la **route** road, route, way, course; **faire bonne —** have a good journey
royal, –e; –aux, –ales royal
le **royaume** kingdom, realm
le **ruban** ribbon
la **rue** street
la **ruine** ruin; **en —** falling to pieces; **tomber en ruines** fall into ruins
rusé, –ée crafty, sly, sharp

S

s' = se, si (*conj.*)
sa his, her, its
le **sable** sand
le **sabot** hoof
le **sac** sack, bag
sage wise; (*noun*) *m.* wise man, sage
la **sagesse** wisdom, discretion
sais *see* **savoir**
saisir seize, snatch up, take hold of
saisit *pres. ind. 3rd sing. of* **saisir**
sait *see* **savoir**
sale dirty
la **salle** room (*for common use of the group concerned*); auditorium, hall; court-room; **— d'audience** court-

room; **— à manger** dining-room
le **salon** drawing-room
le **samedi** Saturday
le **sang** blood
sans without; but for
le **sans-gêne** over-familiarity, cheek
le **sapin** fir(-tree)
sapristi! hang it! good Lord!
Satan *m.* Satan
la **sauce** sauce
la **saucisse** sausage
sauf except
saura, –ai *see* **savoir**
sauront *see* **savoir**
sauter jump
sauvage wild, savage
un **sauvage** savage, wild man
sauvé, –ée *past part. of* **sauver**
sauver save, rescue; **se —** escape, run away
savais, savaient *see* **savoir**
le **savant** scientist, scholar
savez *see* **savoir**
savoir know, know how to; **— (vous mettre à la porte)** know how to, be able to; **vous le savez** you know

Indicatif:

PRÉS. **je sais, tu sais, il sait, nous savons, vous savez, ils savent**
IMP. **je savais,** etc.

Passé
Indéf. **j'ai su,** etc.
Fut. **je saurai,** etc.
Cond. **je saurais,** etc.
Impératif:
sache, sachons, sachez
Participes:
sachant, su
savons *see* **savoir**
savoureux, –euse tasty
la **scène** scene; stage; *see* **metteur**
sceptique sceptical
la **scie** [si] saw
Scylla *m.* Scylla; *see* **Charybde**
se himself, herself, itself, themselves; to himself, to herself, etc.
la **séance** meeting, session; **— de traitement** treatment
sec, sèche dry
sèchement curtly
second, –e [səgɔ̃, –ɔ̃ːd] second
la **seconde** [səgɔ̃ːd] second
secourable helpful
le **secret** secret; **en —** in secret
le **secrétaire** secretary
seizième sixteenth
selon according to
la **semaine** week
le **semblant** appearance; **faire —** (**de**) pretend (to)
sembler seem, appear (to be)

la **semelle** sole; **aussi dure qu'une — de chaussures** as tough as shoe-leather
le **sens** [sɑ̃ːs] sense, meaning; direction
sensationnel, –elle sensational, thrilling
sent *pres. ind. 3rd sing. of* **sentir**
le **sentier** path
sentir feel; smell (of); **cela sent le mystère** that seems mysterious; **se —** feel
séparer (**de**) separate (from)
sept [sɛ(t)] seven
sera, seras serai(ent), *see* **être**
serez *see* **être**
le **sergent** sergeant
seriez *see* **être; — -vous général?** could (would) you be a general?
sermonner reprimand, scold
serons, seront *see* **être**
sert *see* **servir**
servent *see* **servir**
la **serveuse** waitress
serviable obliging
le **service** service; **qu'y a-t-il pour votre — ?** what can I do for you?
la **serviette** portfolio, brief-case
servir serve, be of use; **qui te servent à por-**

ter . . . which you use to carry . . . ; — à serve for; se — de use

Indicatif:
PRÉS. je sers, tu sers, il sert, nous servons, vous servez, ils servent
IMP. je servais, etc.
PASSÉ INDÉF. j'ai servi, etc.
FUT. je servirai, etc.
COND. je servirais, etc.
Impératif:
sers, servons, servez
Participes:
servant, servi
servira *see* servir
ses his, her, its
le seuil, –s [sœːj] threshold, door-step
seul, –e only, single, alone
seulement only, merely; even
sévèrement severely
si (*adv.*) so; — solide que so strong that; un — horrible chien such a horrible dog; yes (*in answer to a negative question*)
si (*conj.*) if; whether
le siècle century
le siège seat
le sien, la sienne his, hers, its

le signe sign; faire — à motion to
signe *pres. ind. 3rd sing. and imperative 2nd sing.* of signer
signer sign
signifier mean
le silence silence; en — in silence, silently; (la parole est d'argent mais) le silence est d'or (speech is silver,) silence is gold
simple simple, unpretentious
simplement simply; tout — (very) simply, merely
le singe monkey
le singulier singular
sinistre sinister, ominous
le sire sire
sitôt so soon, as soon; — dit, — fait no sooner said than done
six six
sixième [sizjɛm] sixth
le soc ploughshare, blade (*of a plough*)
la société society
soi oneself; — -même oneself
la soie silk
soigneusement carefully
le soir evening; hier — last night, yesterday evening; ce — this evening, tonight; le — in the evening; neuf heures

du — nine o'clock in the evening

la **soirée** evening; (evening) party, reception

soit *pres. subjunctive 3rd sing. of* **être**; **— !** [swat] so be it! all right!

soixante [swasɑ̃t] sixty

le **soldat** soldier

le **soleil** sun; sunshine; **au —** in the sunshine

solennellement [sɔlanɛlmɑ̃] solemnly, with ceremony

solide solid, strong

solitaire solitary, alone

la **solution** solution

sombre dark, gloomy, sombre

la **somme** sum; **en —** in short

sommes *see* **être**

le **sommet** summit, top

son his, her, its

le **son** sound, ringing

sonner sound, ring

la **sonnerie** bell; ringing

sonore sonorous, loud

sont *see* **être**

le **sorcier** sorcerer

sors, sort *see* **sortir**

la **sorte** sort, kind; manner

sortent *see* **sortir**

sortez *see* **sortir**

sorti, –e *see* **sortir**

la **sortie** exit, way out; going out

sortir (de) go (come, step) out (of), leave

Indicatif:
Prés. **je sors, tu sors, il sort, nous sortons, vous sortez, ils sortent**
Imp. **je sortais,** etc.
Passé
Indéf. **je suis sorti** *or* **j'ai sorti,** etc.
Fut. **je sortirai,** etc.
Cond. **je sortirais,** etc.
Impératif:
sors, sortons, sortez
Participes:
sortant, sorti

le **sou, –s** penny; (*now no longer in official use, but = five centimes or one-twentieth of a franc*)

soucier trouble; **se — de** concern oneself about

soudain, –e sudden; (*adv.*) **soudain** suddenly

souffler breathe, blow; whisper

souffrant, –e indisposed, ailing

souffre *pres. ind. 1st sing. of* **souffrir**

souffrez *pres. ind. 2nd pl. of* **souffrir**

souffrir suffer; **vous souffrez de l'estomac** your stomach is affected, causing trouble

le **soufre** sulphur, brimstone

souhaiter [swɛte] wish; **je vous souhaite seulement d'avoir . . .** I only wish you had . . .

le **soulagement** relief

soulevant *pres. part of* **soulever**

soulever (*conj. like* **lever**) raise, lift up

souligner underline

soupçonner [supsɔne] suspect

la **soupe** soup

soupèse *pres. ind. 3rd sing. of* **soupeser**

soupeser try the weight of (by lifting), heft

le **soupir** sigh

soupirer sigh

la **source** spring

le **sourcil** [sursi] (eye)brow; **froncer les —s** frown, scowl

sourd, –e deaf; muffled

souriant *see* **sourire**

le **sourire** smile

sourire (*conj. like* **rire**) smile; **toujours souriant(e)** still all smiles, smilingly

sourit *see* **sourire**

sous under; *see* **nez**

souvenir (**de**) (*conj. like* **venir**) come to one's mind; **se — de** remember

souvent often

le **souverain** sovereign

souviens *see* **souvenir**

spécial, –ale; –aux, –ales special

spécifique specific

le **spectateur** spectator; member of the audience

splendide splendid, magnificent

le **stade** stadium

le **Steinway** Steinway (*make of piano*)

la **stupéfaction** amazement

stupéfait, –e amazed, aghast

la **stupeur** astonishment

stupide stupid, silly

su, –e *see* **savoir**

le **succès** result; success

succulent, –e succulent, tasty

sud [syd] (*invariable*) south; (*noun*) le **sud** south

suffire (**de**) suffice, be sufficient (to)

suffisant, –e *pres. part of* **suffire**; (*adj.*) sufficient, enough, adequate

suffit *pres. ind. 3rd sing. of* **suffire**

suffoquer choke, take one's breath away

suis *see* **être**

suis *see* **suivre**

suisse Swiss

la **Suisse** Switzerland

suit *see* **suivre**

la **suite** continuation; **tout de —** at once

suivant, –e *see* **suivre**; next, following; according to

suivent *see* **suivre**

suivez *see* **suivre**

suivi, –e *see* **suivre**

suivre follow; **suivi de** followed by

   Indicatif:

PRÉS. je suis, tu suis, il suit, nous suivons, vous suivez, ils suivent

IMP. je suivais, etc.

PASSÉ

INDÉF. j'ai suivi, etc.

FUT. je suivrai, etc.

COND. je suivrais, etc.

   Impératif:

suis, suivons, suivez

   Participes:

suivant, suivi

le **sujet** subject; **au — de** about; **à ce —** about that

la **supplication** supplication, entreaty

le **supplice** punishment, penalty, torture

supplier beg

supporter support, put up with, endure

supposer suppose, imagine, assume

sur on, upon, over, at, about; (**je n'ai pas d'argent**) — (**moi**) on, with, about; **anguille — anguille** eel after eel, one eel after another

sûr, –e safe, sure; **le plus —** the safest course; **bien sûr** to be sure, of course; **à coup sûr** without fail, for certain

surfaire (*conj. like* **faire**) overrate

surfait, –e *see* **surfaire**

surprendre (*conj. like* **prendre**) surprise, catch; **être surpris par la pluie** be caught in the rain

surpris, –e *see* **surprendre**

la **surprise** surprise

sursauter start, give a gasp

surtout above all, especially, principally

survoler fly over

suspendre hang

suspendu, –e *past part.* *of* **suspendre**; suspended, hanging

la **syllabe** syllable

T

t *forms a link between a verb form ending in* –a *or* –e *and the pronouns* il, elle *or* on, *as in* a-t-on, décide-t-il

t' *see* **te**

ta *see* **ton**

la **table** table; **à —** to table, to dinner; *see* **mettre**

taire be silent about; **se —** be silent (quiet), stop talking

taisez *pres. ind. and imperative 2nd pl.* of **taire**

tait *pres. ind. 3rd sing. of* **taire**

le **tambour** drum

tant so much; so many; **— mieux** so much the better

taper beat, tap

tard (*adv.*) late; **plus —** later, afterwards

tarder delay

la **tarte** tart; **— aux pommes** apple tart

la **tasse** cup

tâter feel

te you, to you, (to) yourself

le **technicien** [tɛknisjɛ̃] technician

le **télégramme** telegram, dispatch, radiogram

le **téléphone** telephone; *see* **coup**

téléphoner telephone

la **télévision** television

tellement so, so much

le **temps** [tɑ̃] time; weather; tense; **en même —** at the same time, at once

tenant *see* **tenir**

tend *pres. ind. 3rd sing. of* **tendre**

tendent *pres. ind. 3rd pl. of* **tendre**

tendre hold (stretch) out, offer; **— la main** beg

tenir hold; keep, carry out; **je te tiens** I've got you; **n'y tenant plus** unable to stand it any longer; **— pour** consider; **tiens!** indeed, you don't say so, well; **se —** be, remain, stand, sit, stay; **il ne se tient pas pour battu** he doesn't consider himself beaten, doesn't give up

Indicatif:
PRÉS. **je tiens, tu tiens, il tient, nous tenons, vous tenez, ils tiennent**
IMP. **je tenais,** etc.
PASSÉ
INDÉF. **j'ai tenu,** etc.
FUT. **je tiendrai,** etc.
COND. **je tiendrais,** etc.
Impératif:
tiens, tenons, tenez
Participes:
tenant, tenu

le **ténor** tenor

la **tentation** temptation

tenter (de) attempt, try (to); tempt

tenu, -e *see* **tenir**

la **tenue** behaviour; dress; **— de soirée** evening dress

terminé, -ée *past part. of* **terminer**

terminer end, finish; **se—** end

la **terre** land, earth, ground; clay; mud; property; **par —** on the ground; **à —** on the ground

la **Terre-Neuve** Newfoundland

terrestre terrestrial, earthly

terrible terrible, dreadful

terriblement terribly

le **terrier** burrow

le **territoire** territory

tes *see* **ton**

le **testament** will

la **tête** head; *see* **approuver, bas**

têtu, –e stubborn

le **thé** tea

tiennent *see* **tenir**

tiens, tient *see* **tenir**

timidement timidly; shyly

tiré, –ée *past part. of* **tirer**

tirer pull; fire, shoot; put out; **— sur** fire at

le **tiret** dash

le **tissu** cloth, fabric

le **titre** title; head-line

toi you, yourself

la **toile** linen, cloth

le **toit** roof

tomber fall; **laisser —** let fall, drop; **faire —** cause to fall, drop

ton, ta, tes your

le **tonneau, –x** cask

le **tonnerre** thunder

le **torrent** torrent

le **tort** wrong, fault; **avoir — (de)** be wrong, in the wrong (to)

tôt soon; early

touchaient *imperfect ind. 3rd pl. of* **toucher**

toucher touch; **— à terre** touch the ground

toujours always, ever; still; **pour —** for ever

le **tour** turn; trick; **à son —** in his (her) turn; *see* **chacun**

le **touriste** tourist

tournaient *imp. ind. 3rd pl. of* **tourner**

tournent *pres. ind. 3rd pl. of* **tourner**

tourner turn; **se — (vers)** turn (towards)

tout, –e; tous, toutes (*adj.*) all (of), the whole; every, each; any; **tout cela** all that; **toute la région** all the region, the whole region; **tout le monde** everybody, everyone; **tous les professeurs** all the professors, every professor; **toutes sortes de** all kinds of; **tous (les) deux** both; **tous les trois jours** every three days; **tout (accident)** any, every

tout, –e(s) (*adv.*) (*agrees in gender and number with a following fem.*

adj. beginning with a cons. or aspirate h) quite, entirely, very; **tout confus** completely (all) confused; **toute mouillée** all moist; **tout à coup** suddenly, all at once; **tout de suite** at once; **tout à l'heure** *see* **heure; tout à fait** quite, perfectly, entirely; **tout en (se dirigeant)** while

tout *m. (noun)* everything, anything; **(pas) du —** not at all, at all

tout, -e; tous, toutes *(pron.) (when* **tous** *is a pronoun the* s *is pronounced)* all, everything; **tout ce qui (que)** everything (that), all (that), whatever

la **trace** trace, trail, track, foot-print

la **tradition** tradition

traduire translate

le **traitement** treatment; **— par l'argile** clay treatment; **mauvais —s** ill-usage

traiter treat

la **tranche** slice

tranquille [trākil] tranquil, quiet, peaceful

tranquillement [trākilmā] tranquilly, quietly, peacefully

transformer transform,

change; **se — (en)** change (into)

transmettre *(conj. like* **mettre)** pass on, hand down, transmit

le **travail, -aux** work, labour

travailler work; **— dur** work hard

le **travailleur** worker

le **travers** breadth; **à — through; à — champs** through the fields, across country

tremblant, -e *pres. part. of* **trembler**

trembler tremble, quake

tremper dip, soak

trente thirty

très very

le **trésor** treasure; *(plur.)* wealth

le **trésorier** treasurer

le **tribunal, -aux** (law-) court; **au —** in court

le **trident** trident, pitchfork

triste sad

trois three

troisième third

trompé, -ée *past part. of* **tromper**

tromper deceive, trick; **se — (sur)** be mistaken, wrong (about); **se — de jour** mistake the day, get the wrong day; *see* **laisser**

le **trompeur** deceiver, cheater; **le — trompé** the biter bit

trop too, too much, too many

le **trot** [tro] trot(ting); **les temps de —** (**et de galop**) the times for trotting

trouvant *pres. part. of* **trouver**

trouvé, –ée *past part. of* **trouver**

trouvent *pres. ind. 3rd pl. of* **trouver**

trouver find; think, consider; **ne trouvez-vous pas?** don't you think so?; **se —** be, find oneself (itself)

trouveras, trouverez *fut. ind. 2nd sing. and pl. of* **trouver**

trouvez *pres. ind. 2nd pl. of* **trouver**

tu you

tuer kill

la **Tunisie** Tunis; **en —** in Tunis

U

un, –e (*adj. and pron.*) one; a, an; **l'un et l'autre** both, the one and the other; **l'un derrière l'autre** one behind the other; **un trop petit gibier** too small a game (animal); **un à un** one by one

uni, –e *past part. of* **unir**

un **uniforme** uniform; **grand — full** uniform

unir unite

une **université** university

usé, –ée *past part. of* **user**; worn

user wear (out); **— de** use

une **usine** factory, mill

utiliser make use of

V

va *see* **aller**

la **vacance** vacancy; *plur.* vacation, holiday(s)

la **vache** cow

vaillamment valiantly, bravely

vain, –e vain, useless; **en vain** in vain

vais *see* **aller**

un **valet** valet, servant; **— d'écurie** groom

la **vallée** valley

valoir be worth, as good as; **— mieux** be better (to); **mieux vaut + inf.** it is better to

valser waltz

vantard, –e boastful

la **vapeur** vapour; steam

vas *see* **aller**

le **vase** vase

vaut *pres. ind. 3rd sing. of* **valoir**

le **veau, –x** calf; veal

la **veille** the day (night) before

venant *see* **venir**

vendre sell
venez *see* **venir**
venir come; — + *inf*.
come to, come and;
vous venez de passer
. . . you have just
crossed . . . ; *see* **rencontre**

Indicatif:
Prés. je **viens,** tu
viens, il **vient,**
nous **venons,**
vous **venez, ils**
viennent
Imp. je **venais,** etc.
Passé
Indéf. je **suis venu,** etc.
Fut. je **viendrai,** etc.
Cond. je **viendrais,** etc.
Impératif:
viens, venons,
venez
Participes:
venant, venu

le **vent** wind; **entrer en**
coup de — dash in
le **ventre** belly, stomach
venu, –e *see* **venir**
véritable true, real, genuine
la **vérité** truth
verras, verrons, verrez
see **voir**
vers toward(s), to, about
verser pour
vertement sharply
la **vertu** virtue; **en** — **de** by
virtue of

le **vêtement** garment;(*plur.*)
clothes
veulent *see* **vouloir**
veux, veut *see* **vouloir**
vexer annoy
la **viande** meat
la **victime** victim
vide empty
la **vie** life; **de ma** — in my
life
le **vieillard** old man
vieille *see* **vieux**
VIème = **sixième**
viendrais *see* **venir**
Vienne f. Vienna
viennent *see* **venir**
viens, vient *see* **venir**
vieux, vieil, vieille;
vieux, vieilles old;
le vieux old man;
la vieille old woman
vigoureux, –euse vigorous
le **village** [vila:ʒ] village
la **ville** [vil] town, city
le **vin** wine
vingt [vɛ̃] twenty; **vingt**
ans [vɛ̃tɑ̃] twenty years
vingt-cinq [vɛ̃tsɛ̃(:k)]
twenty-five
le **visage** face
la **visite** visit; **rendre** — **à**
call on, visit; **faire une**
— **à** pay a call on, drop
in on
vit *pres. ind. 3rd sing. of*
vivre
vite (*adj. and adv.*) fast,
quick(ly)
vitreux, –euse glassy

la **vitrine** (shop-)window
vivant, -e *pres. part.* of **vivre**
vivement sharply, briskly, warmly
le **vivre** living; food; (*plur.*) provisions
vivre live, make one's living
le **vœu, -x** vow; wish
voguer sail, move
voici here is, here are, this is; **le — qui revient** here he is coming back; — here it is, here are the facts; **vous — arrivé** here you are (at the end of your journey); **— (maintenant) que** now
voilà there is, there are; — (!) there (here) you are, this is the way it is; **te — donc devenu voleur?** so you've become a thief?
voir see; **vous le voyez** (as) you see; **on ne voit rien** nothing can be seen; **voyons** (!) let us see; let me see, come (!)

Indicatif:
Prés. **je vois, tu vois, il voit, nous voyons, vous voyez, ils voient**
Imp. **je voyais**, etc.
Passé
Indéf. **j'ai vu**, etc.

Fut. **je verrai**, etc.
Cond. **je verrais**, etc.

Impératif:
vois, voyons, voyez
Participes:
voyant, vu

voisin, -e neighbouring, adjoining, near-by; (*noun*) *m., f.* neighbour
voit *see* **voir**
la **voiture** carriage; cart; car
la **voix** voice; vote; **à haute —** aloud; **à très haute —** very loud; **à — basse** in a low voice; **d'une — (de tonnerre)** with a voice
le **vol** theft, stealing
la **volaille** fowl, poultry
volé, -ée *past part.* of **voler**
volent *pres. ind. 3rd pl.* of **voler**
voler fly
voler steal; rob
volerons *fut. 1st pl.* of **voler**
voleur, -euse thieving
le **voleur** thief
la **volonté** will; **bonne —** goodwill, willingness
Voltaire (*pseudonym of* François-Marie Arouet) one of the most influen-

tial of French authors
(1694–1778)
le **volume** volume
vont *see* **aller**
vos *see* **votre**
les **Vosges** [vo:3] the Vosges
(*mountains and depart-
ment in the east of
France*)
voter vote
votre (*plur.* **vos**) your
voudrais *see* **vouloir**
voulez *see* **vouloir**
vouloir wish (to, for),
want (to, —), will, try;
— **de** (**quelqu'un**)
want with; **je veux**
(**maigrir**) I am deter-
mined, I am going to, I
will; **je veux** (**qu'on
soit**) I am determined;
— **bien** be willing; —
dire mean, wish to say

Indicatif:
Prés. **je veux, tu
veux, il veut,
nous voulons,
vous voulez,
ils veulent**
Imp. **je voulais,** etc.
Passé
indéf. **j'ai voulu,** etc.
Fut. **je voudrai,** etc.
Cond. **je voudrais,** etc.

Impératif:
[**veux**], [**vou-
lons**], **veuillez**
Participes:
voulant, voulu

voulons *see* **vouloir**
vous you, to you; **et --,
savez- —** (**qui je suis?**)
and do *you* know . . .;
see **et**
le **voyage** journey, trip,
voyage
voyagent *pres. ind. 3rd pl.
of* **voyager**
voyageons *pres. ind. 1st
pl. of* **voyager**
voyager travel
le **voyageur** traveller
la **voyelle** vowel
voyez *see* **voir**
voyons *see* **voir**
vrai, -e true, real
vraiment really, truly,
indeed
vu, -e *see* **voir**
la **vue** sight

Y

y there; to (at, of, in,
into, on) it (them); **il y
a** there is (are); ago; *see*
penser
yeux *see* **œil**

Lightning Source UK Ltd.
Milton Keynes UK
UKHW012356200722
406167UK00001B/378